国際政治理論の射程と限界

分析ツールの理解に向けて

今井 宏平 著

中央大学出版部

はじめに

国際政治学とはどのような学問分野か

　国際政治学（International Politics）および国際関係論（International Relations）について学んでみたいと思った学生は、近年の国際情勢に興味を持った人が大半ではないだろうか。私自身も中学から高校時代の1990年代中頃に進展したイスラエルとパレスチナの中東和平問題をきっかけに国際政治に興味を持った。近年、大学で人気のある学部や学科は学生が社会に出た際にすぐに効力を発揮できる経済や金融など実学の分野と言われる。それに対し、社会に出てもすぐには役に立たない哲学、文学、歴史学などは敬遠される傾向にある。

　本書で扱う国際政治学（国際政治学と国際関係論は厳密には異なるが、本書では便宜的に国際政治学で統一する。国際政治学と国際関係論の違いに関しては、例えば、佐渡友、8-11頁）はどちらかというと後者に分類される学問である。外国と関連する企業や外国との関係を扱う省庁に就職すれば当然海外との関係に目配りをする必要があり、国際政治学が役に立つ可能性が高い。インターネット革命に端を発し、人、物、金、情報、サービスなどが大量かつ即時的に移動するグローバリゼーション（現代グローバリゼーション）と呼ばれる現象がますます進展する今日では、その機会は確実に広がっている。地方公務員などの職に就く人たちも日本に出稼ぎ労働者として滞在している外国籍の人々や観光客の対応に追われるのはもはや珍しいことではない。

　それでは、国際政治学はこうした要求にすぐに答えを出してくれるかというと、必ずしもそうとは言えない。例えば、国際政治学は時事問題を解説するものではなく、時事問題を検討するうえで有益と考えられる思想、歴史、そして理論などを学ぶ学問である。要するに、国際政治学が提供するのは「考え方の基礎」であり、その基礎を学んだ各自がそれを活用、応用し、時事問題を分析する必要がある。

　また、国際政治学はさまざまな国家の国内政治（内政）を検討する学問では

ない。国内政治、言い換えれば各国や各地域の政治、経済、社会を研究する学問は地域研究（Area Studies）、また、各国や各地域の政治、経済、社会の比較に重きを置く学問は比較政治学（Comparative Politics）である。それに対して、国際政治学が焦点を当てるのは、主に国家間の関係である。「主に」としたのには2つの理由がある。第1に、今日の世界情勢は主権国家間の関係だけでは到底理解できないものとなっており、非国家主体も重要な役割を果たすようになっているからである。第2に国際政治学にも各国家の対外行動を分析するための対外政策分析（Foregin Policy Analysis）という分野がある（第10章 対外政策分析で詳述）。しかし、国際政治学は国内政治、国内の政策過程の分析よりもやはり国家を中心としたアクター間の関係の分析に主眼を置く。

加えて国際政治学は第一次世界大戦後に始まった新しい学問分野であり、政治学を中心に、社会学、経済学、歴史学、文化人類学などの知見を基礎に置いている。そのため、寄せ集め、あるいはパッチワークにより成り立っている学問とも言われる。

国際政治学の出自

上述したように、国際政治学が学問として産声を上げたのは、第一次世界大戦後である。なぜ第一次世界大戦後だったのだろうか。それは、第一次世界大戦が、約1,200万人という膨大な数の犠牲者を出した未曽有の危機であり、西洋諸国、とりわけアメリカとイギリスの一部の政治家、有識者のなかで二度と第一次世界大戦のような悲劇を繰り返さないようにするために、国際政治学を体系的に学ぶ必要があるという意識が高まったためであった。

アメリカでそうした考えの中心となったのは、当時の大統領であったウッドロー・ウィルソン（Woodrow Wilson）であった。ウィルソンの活動が現実政治で展開されたのに対し、イギリスでは学問分野でこうした動きが見られた。イギリスの政治家で慈善活動家でもあったデイヴィッド・デイヴィス（David Davies）と彼の姉妹がウェールズ大学アヴェリストゥイス校（現アヴェリストゥイス大学）に寄付を行なうなど、国際関係論講座開設のために尽力した。こう

して国際政治学はイギリスにおいて、戦争と平和に関する学問として産声を上げた。デイヴィスが国際関係論講座開設のために寄付した理由は、①第一次世界大戦で命を落とした学生への追悼、②ウィルソン（とその活動）への敬意、③世界平和の実現を目指し、1919年に設立が決定した国際連盟への支持、であった（大中、256頁）。1919年に国際関係論講座の最初の担当者となったのが、その後の1936年に『国際連盟と法』という著書を執筆するアルフレッド・ジマーン（Alfred Zimmern）であった。ジマーンの後にチャールズ・ウェブスター（Charles Webster）が同講座の担当者となった際には、デイヴィスの意向もあり、講座名がウッドロー・ウィルソン講座と改称された（同上論文、257頁）。このように、国際政治学を学問として最初に発展させたのは、1939年にE.H.カー（Edward Hallett Carr）の古典的名著『危機の二十年』において「ユートピアニスト」として批判されている理想主義者たちであった。

　しかし、理想主義者たちの国際政治学に与える影響は次第に減退していく。それは結果としてアメリカが参加しなかった国際連盟の機能不全化、ファシズムやナチズムの台頭、第二次世界大戦の勃発というように理想主義の目指す国際政治と逆行する現実が生じたことによる。国際政治学にもより現実的で冷徹な視点が求められるようになった。1936年にウッドロー・ウィルソン講座の教授に古典的リアリストに分類されるカーが就任したのは象徴的であった。

　第二次世界大戦後に国際政治学の中心となったのはアメリカであった。この背景には、第二次世界大戦によってヨーロッパ大陸の多くの研究者がアメリカに亡命したことがあった。ハンス・モーゲンソー（Hans Mogenthau）に代表されるように、この時期のアメリカの国際政治学の中心的課題はリアリズム（現実主義）の考えであった。

　このように、国際政治学はイギリスで産声を上げ、アメリカを中心に育て上げられた学問なのである。

国際政治学の限界

　国際政治学は上述したように西洋という地において、第一次世界大戦の反省

のうえに生まれた。国際政治学はこの出自によっていまだに2つの限界を抱えている。まず、その学問が極めて西洋中心主義的という点である。考え方が西洋思想史に立脚しており、その起源は古代ギリシャやローマの時代にまで遡ることができる。国際政治学の教科書におけるリアリズムの項目でしばしば古代ギリシャの歴史家であるトゥキディデス（Thucydides）が参照されるのはその最たるものであろう。そして、考え方だけではなく、近現代の国際政治の基本的な構図であり、参照されるべきモデルである主権国家体系は元々、ヨーロッパにおける三十年戦争を終結させた1648年のウェストファリア条約で成立したと見なされている。

　一方、ヨーロッパとアメリカ以外の非西洋地域に関しては、驚くほどその知見や経験が反映されていない。国際政治学とは言っても、その内実は「西洋」国際政治学であった。近年こうした西洋中心主義の国際政治学から脱却し、真の意味でグローバルな国際政治学を目指そうとする試みが、特に国際政治の理論の分野で起きている。

　2つ目の限界は、主権国家体系の重要性を強調するあまり、国際政治学が現実政治を分析する道具としてのシャープさを失っている点である。上述したように、次第に非国家主体の重要性は増してきている。国家以外の主体を分析の俎上に載せずに現代世界を理解しようとする一部のリアリストの立場はもはや欺瞞とすら言えよう。さらに、「1648年の神話」もしくは「ウェストファリアの神話」と言われるように、主権国家体系も不変の体系ではなく、時代ごとにそのあり方が変容してきた体系である。国際政治学の歴史である国際政治史は、まさに主権国家体系の変容と拡大の歴史であった。もちろん、変容したのは体系だけでなく、その構成要素である主権国家の内実も時代とともに大きく変容している。同じ主権国家と言った場合でも、17世紀の主権国家、19世紀の主権国家、21世紀の主権国家はその機能と性質が大きく異なるのである。また、拡大と言った場合にも常に「西欧目線」での拡大であり、「どのように主権国家の概念を拡大させたか」の物語が注目されてきた。しかし、例えば、日本を含む東アジアの国家からすると、その物語は「主権国家の概念をいかに受

容したのか」であった。近年、世界規模で多様な分野における諸地域の相互連関を考察するグローバル・ヒストリーが注目されているが、国際政治史は、政治分野においてはまさにこのグローバル・ヒストリーに該当する。ただし、グローバル・ヒストリーには多様な「眼差し」とそれにもとづく物語が必要不可欠であるため、西欧および西洋中心の国際政治史はその基準を満たしていないと言えよう。

本書の目的と構成

　本書は国際政治学のなかでもとりわけその理論に焦点を当て、国際政治学を理解するための基礎的な力を醸成することを目的とする。分析ツールである国際政治理論を学ぶには2つのステップが必要である。1つ目のステップは、その概念や相互連関性、発展の歴史といった国際政治理論に関する知識を深め、理解する段階である。2つ目のステップは、それらを実際の国際政治に当てはめ、分析する応用の段階である。本書は主に1つ目のステップの手助けのために執筆されている。

　第Ⅰ部では国際政治理論を学ぶうえで前提となる、主権国家と主権国家体系、そして国際政治理論のあり方をめぐり研究者の間で起きた4つの論争について概観する。第Ⅱ部では、多くの標準的な教科書でも触れられている諸理論に関して、鍵概念を確認しながら少し詳しく見ていきたい。第Ⅲ部では、第Ⅱ部で扱った諸理論に欠けていると言われる、内政の考慮、非歴史性、非西洋世界との断絶を補うことができる、対外政策分析、歴史社会学、非西洋の国際関係論について検討する。この3つの考え方は、今後の国際政治理論の発展を考えるうえでも検討が不可欠な点である。

　本書を通読して、国際政治理論の概要、各理論の発展の歴史と発展の駆動力、現在の国際政治理論に欠けている要素とそれを補完する考えについて、少しでも理解を深めて頂ければ幸いである。

● 参考文献
・今井宏平「グローバル化と国際関係理論の多様化―非西洋の国際関係論が与える理論的インパクト―」星野智編著『中央大学社会科学研究所研究叢書 28：グローバル化と現代世界』中央大学出版部、2014年、85-108頁。
・大中真「英国学派の源流―イギリス国際関係論の起源」『一橋法学』9（2）、2010年、249-267頁。
・川田侃『国際関係研究』東京書籍、1996年。
・佐渡友哲「国際関係論はどのような学問か」佐渡友哲、信夫隆司編『国際関係論（第二版）』弘文堂、2016年、3-18頁。
・滝田賢治、大芝亮、都留康子編著『国際関係学―地球社会を理解するために〔第二版〕』有信堂、2017年。
・デーヴィッド・ロング／ピーター・ウィルソン編著（宮本盛太郎、関静雄監訳）『危機の20年と思想家たち―戦間期理想主義の再評価』ミネルヴァ書房、2002年。
・中西寛、石田淳、田所昌幸『国際政治学』有斐閣、2013年。
・水島司『グローバル・ヒストリー入門』山川出版社、2010年。

● お薦め文献

　国際政治学の教科書としては、大変多くのものがあり、最近のものだけでも例えば、村田晃嗣、君塚直隆、石川卓、栗栖薫子、秋山信将『国際政治学をつかむ【新版】』有斐閣、2015年、佐渡友哲、信夫隆司編『国際関係論〈第二版〉』弘文堂、2016年、滝田賢治、大芝亮、都留康子編著『国際関係学―地球社会を理解するために〔第二版〕』有信堂、2017年などがある。これらは初学者もしくは学部生向けのテキストである。もう少し深く学びたい方には、中西寛、石田淳、田所昌幸『国際政治学』有斐閣、2013年を押したい。

　国際関係理論に関しても吉川直人、野口和彦編『国際関係理論 第2版』勁草書房、2015年、大芝亮『国際政治理論―パズル・概念・解釈』ミネルヴァ書房、2016年などの良書がある。前者は大学院のテキストとしても使用できるレベルで、方法論にも目配りしている。後者は特にリベラリズムの内容が充実しており、国際関係理論を包括的に学ぶことができる。また、国際政治の理論に関する、優れた英語の概説書としては、Scott Burchill etc., *Theories of International Relations (Fifth edition)*, New York: Palgrave, 2013と、Tim Dunne, Milja Kurki and Steve Smith (eds.), *International Relations Theories: Discipline and Diversity (Fourth edition)*, Oxford: Oxford University Press, 2016をあげておきたい。

　本書は国際政治学の本なので、比較政治学や地域研究については論じていないが、上述したように、比較政治学や地域研究は政治学とともに国際政治学の隣接分野なので、ある程度把握しておくと、国際政治学の理解も深まる。比較政治学に関しては、近年、立て続けに良質のテキストが刊行された。それらは、粕谷裕子『比較政治学』ミネルヴァ書房、2014年、岩崎正洋『比較政治学入門』勁草書房、2015年、久保慶一、末近浩太、高橋百合子『比較政治学の考え方』有斐閣、2016年である。一方、地域研究の教科

書は包括的なものが少ない。まずは、地域研究の方法論について扱った、『地域研究』（総特集：地域研究方法論）Vol.12、No.2、2012年を読むのが考え方の参考になる。

目　次

はじめに

第Ⅰ部　前　提

第1章　主権国家と主権国家体系 …………………………………… 3

1. 主権国家体系以前の体系
2. 主権国家体系の特徴
3. 主権国家の定義
4. 主権国家の変容過程

第2章　国際政治理論の「4つ」の論争 ………………………… 13

1. 理想主義者の学問として始まった国際政治学
2. 第一の論争
3. 第二の論争
4. 第三の論争
5. 第四の論争
6. 西洋中心主義への挑戦
7. 国際政治学の理論はどこに向かうのか

第Ⅱ部　国際政治理論の射程

第3章　古典的リアリズム ………………………………………… 27

1. リアリズムの定義
2. 古典的リアリズムの思想
3. 古典的リアリズムの理論家たち

第4章　構造的リアリズム …………………………………………… 37

1. 全てはウォルツから始まった
2. 国際政治体系の変遷
3. 「脅威の均衡」による国家行動の説明
4. バンドワゴニングによる国家行動の説明
5. ネオ・ネオ論争
6. その後の構造的リアリズムの発展

第5章　リベラリズム ………………………………………………… 49

1. リベラリズムの前提
2. 社会学的側面
3. 相互依存的側面
4. 制度的側面
5. 共和的側面
6. 構造的リベラリズム

第6章　マルクス主義 ………………………………………………… 65

1. 国際政治学におけるマルクス主義の前提
2. 帝国主義論
3. ラテンアメリカ学派
4. 現実世界の動きと従属論の衰退
5. 世界システム論

第7章　批判理論 ……………………………………………………… 77

1. フランクフルト学派の批判理論
2. コックスが提示した批判理論
3. リンクレーターの批判理論
4. 批判理論の応用：批判的安全保障論と批判地政学

第8章　コンストラクティヴィズム …………………………… 89

1. 第三論争の最後に登場したコンストラクティヴィズム
2. コンストラクティヴィズムの共通理解と類型
3. コンストラクティヴィズムの規範論
4. コンストラクティヴィズムの安全保障共同体論

第9章　英国学派 ……………………………………………… 99

1. 英国学派とは誰か
2. 英国学派の基礎的考え
3. ヨーロッパ国際社会の拡大
4. 冷戦の崩壊と英国学派
5. 英国学派は日本でなぜ支持を得るのか

第Ⅲ部　真の国際政治理論を目指して

第10章　対外政策分析 ………………………………………… 111

1. 対外政策分析とは
2. 対外政策分析の目的
3. 対外政策分析におけるアクターとレベル

第11章　歴史社会学 …………………………………………… 123

1. 国際政治学における歴史社会学の受容
2. 国際政治学における歴史社会学の発展
3. 歴史社会学アプローチによる国際政治理論の再構築
4. システム・レベルでの貢献
5. アクター・レベルの貢献
6. 今後の課題

第12章　非西洋の国際関係理論 ……………………………………… 137
 1.　非西洋の国際関係理論が台頭した背景
 2.　嚆矢としてのサバルタン・リアリズム
 3.　対抗ヘゲモニーとしての非西洋の国際関係理論確立への試み？
 4.　国際関係理論の非西洋性は覆るのか

コラム 1	国際政治学における帝国 ………………………………………	5
コラム 2	アナール学派 ……………………………………………………	73
コラム 3	新中世論 …………………………………………………………	105

あとがき

第Ⅰ部
前　提

第1章　主権国家と主権国家体系

> 第1章
> ・主権国家体系以前の国際秩序体系はどのようなものであったか
> ・主権国家体系はどのような特徴を持っているのか
> ・主権国家はどのように変容してきたのか

1. 主権国家体系以前の体系

　国際政治学の基本的なアクター（国際政治上の行動主体）は主権国家であり、国際政治学が分析の対象としているのは、主に主権国家間の関係であるというのは、一般的な国際政治学の教科書の最初に必ず書かれている。そして、主権国家が基本的なアクターとなったのがヨーロッパにおける三十年戦争を終結させた1648年のウェストファリア条約以降であることも、国際政治学では前提となっている。主権国家から成る国家間関係は主権国家体系と呼ばれるが、ウェストファリア条約によって成立したためにウェストファリア体制、もしくは西欧で始まったので西欧国家体系とも呼ばれる。

　もちろん、主権国家体系が成立したメルクマールとされる1648年以前の時代に主権国家が存在しなかったわけでも、他の国際政治の秩序体系が存在しなかったわけでもない。国際政治学者の田中明彦は、世界大の秩序体系を、世界帝国、針葉樹林型体系（主権国家体系）、熱帯雨林型体系（それ以前の中世の時代の秩序体系）とに区分している（田中、15-17頁）。世界帝国と針葉樹林型体系および熱帯雨林型体系の最大の違いは、世界帝国がそれ1つで完結するシステム、言い換えれば世界帝国自体が1つのアクターであり、そのシステムはハイ

アラーキーという階層性で成り立っているのに対し、後者は各アクター間の有機的な関係によってシステムが成り立っており、システムを秩序立てているのはアナーキーという無政府状態という点である。アナーキーは無政府状態であって、無秩序ではない。そのため、アナーキーという状態によって各アクターの間には一定の秩序が成り立つ。

　世界帝国に該当するのは、ローマ帝国や、秦から始まる中国の諸帝国などである。ただし、注意しておきたいのはここでの「世界」とは現在のような地球大のものではなく、その当時、帝国内に住んでいた人々が認識できた範囲での「世界」である。ローマの場合は地中海世界、中華帝国の場合は北東アジア、東アジア、東南アジアであった。

　それでは針葉樹林型体系と熱帯雨林型体系の違いはどのようなものであろうか。田中によると、針葉樹林型体系、つまり主権国家体系においては、あらゆる下位主体が最上位の主権国家に必ず帰属している。古代の時代、例えばギリシャ世界では一定程度、針葉樹林型体系が成り立っていたが、当時の最上位主体はアテネやスパルタといった都市国家であった（中西、石田、田所、55頁）。それに対し、近代以降、最上位の主体は主権国家のみとなった。一方、熱帯雨林型体系は、最上位の主体が複数あることが想定されている。そのため、下位主体はさまざまな最上位アクターと関係を取り結ぶ可能性がある。中世においては、国家以外に諸侯、教会、都市国家、都市同盟も最上位アクターであり、下位アクターは複数の最上位アクターに帰属することが可能であった。この緩やかで多様な主従関係は封建制とも呼ばれる。

　それでは、近代において、どうして国家は唯一の最上位アクターとなることができたのだろうか。この点に関して、興味深い議論をしているのがアメリカの国際政治学者のヘンドリック・スプリュート（Hendrik Spruyt）である。彼は、中世の熱帯雨林型体系から主権国家による針葉樹林型体系への移行は、主権国家が他のアクターとの生存競争に勝利した最も近代に適応したアクターであったためだと説明する。スプリュートは、進化論のアプローチを援用し、ヨーロッパで封建制が崩れるなかでフランス（主権国家）、イタリアの都市国家、ハン

ザ同盟を取り上げ、フランスが生存した過程を鮮やかに描き出した（信夫、8-16頁）。主権国家は、勢力を拡大しようとする国王と、貿易を拡大したい都市の利害が最大限共存できる枠組みであった。

＊コラム1　国際政治学における帝国

　帝国は国際政治史、さらにはそれを越えた世界史にたびたび登場するアクターである。帝国は、①主権国家体系確立より以前もしくは前後に成立し、多民族を支配した国際政治のアクターである世界帝国、②ある主権国家が国際政治上で力を強め、直接的・間接的に他国もしくは他地域を支配する統治形態、③アントニオ・ネグリ（Antonio Negri）とマイケル・ハート（Michael Hardt）によって定義され、〈帝国〉と表示されるネットワーク型の統治主体の配置図、という3つに分類できよう。帝国を体系的に論じた著書の編者で、日本の植民地政策の研究で著名な山本有造によると、①の世界帝国は、歴史上存在した独裁的で中央集権的であり、領域的に分節され、文化的に多様性を持った多民族支配のアクターであった（山本、8頁）。これは上述した世界帝国に該当する。②の主権国家の統治形態としての帝国は、直接的統治による公式な帝国と間接的統治による非公式の帝国に大別できる。公式な帝国は、植民地、自治領、租借地、条約港といった物理的な領土支配を基盤としている（白石、20頁）。それに対し、非公式な帝国はジョン・ギャラハー（John Gallagher）とロナルド・ロビンソン（Ronald Robinson）によって定義された、イギリスのラテン・アメリカ、中国、中東に対する不平等条約と自由貿易を通じた政治および経済の従属支配を指す。直接的にせよ間接的にせよ、主権国家、特に大国のこうした行動はしばしば「帝国主義的」行動と表現されてきた。アメリカが帝国と呼ばれる場合もこの②の定義が念頭に置かれている。③の〈帝国〉は、グローバリゼーションの進展によって、国民国家は衰退し、国民国家が行なう帝国主義的な支配や侵略は不可能になったことを前提としている。そのうえで、主権が国民国家という領土や特定の主体にのみ属するものではな

くなり、さまざまな主体が主権を分散的に担う、グローバルなネットワーク状の形態が出現しつつあり、それが〈帝国〉であった（芝崎、188頁）。その特徴は、①脱中心的・脱領土的で「外部」を持たない、②包摂のメカニズムによって発展、③「生権力」（ミシェル・フーコー（Michel Foucault）の権力論に由来する、人間の生そのものをつくりあげ、つくりかえ、つくりなおしていくようなかたちで人間の生活の全局面を内部から規制するかたちで行使される権力⟷殺す権力）による管理である（同上論文、189頁）。

2. 主権国家体系の特徴

　ウェストファリア条約によって終焉した三十年戦争は、中世から近代への転換点と言われている。三十年戦争時はまだ中世の封建的秩序が基盤になっていたので、明確な国家間戦争ではなく、歴史家の高橋進の言葉を借りれば、「「対内戦争」と「対外戦争」との区別はできず、大規模武装反乱、国内武装対立、国家間戦争とが渾然一体となっていた」（高橋、163頁）という複合的な戦争であった。

　主権国家体系は、17世紀以降、ヨーロッパにおいて見られるようになったとしばしば指摘される。「体系」とはどのようなものだろうか。国際政治学者の山影進は、「体系」をシステムと同義とし、主体間の相互作用が客観的に存在しているだけでなく、そのあり方を我々が概念化し、理解するための用語と定義づけている（山影、10頁）。つまり、体系もシステムも現実そのものの描写ではなく、あくまで現実を我々がわかりやすく理解するための認識枠組みなのである。

　山影はこの点を強調したうえで、主権国家体系がヨーロッパで成立したという現象を、①主権国家体系という認識枠組みで本質が捉えられる現実がヨーロッパで見られるようになった、②ヨーロッパで主権国家体系という認識枠組みが作り出された、③ヨーロッパの国際関係が主権国家体系という認識枠

組みに即して実践されるようになった（ヨーロッパの政策決定者たちがその認識枠組みを共有した）、という3つが組み合わさったものと定義する（同上論文、12-13頁）。要するに、主権国家を中心とした国際政治が展開されるようになり、主権国家を中心とする国際政治の理解を知識人や政策決定者が共有するようになることが、主権国家体系が成立したということなのである。

　もちろん、「成立した」というのは、その現象がある程度成熟したことを意味する。多くの論者が批判しているように、1648年のウェストファリア条約によって主権国家が「成立した」というのは誤解であり、過大評価と言えるだろう。ただし、ウェストファリア条約が主権国家体系が生じる重要な一歩になったことは紛れもない事実であろう。山影や国際政治学者のバリー・ブザン（Barry Buzan）が指摘しているように、主権国家体系の成立は「過程」として捉えるべきである（同上論文、15-17頁；ブザン、132-135頁）。

　それでは、主権国家体系を過程として捉える場合、「何の」変容過程を見ていけばよいのだろうか。それは、主権国家体系の構成要素である主権国家の変容過程である。

3. 主権国家の定義

　主権とは、具体的には実効性のある政府による国家統治の確立である。主権国家は、通常、4つの特徴を持つ。それらは、①国境で他と区別された領域、②国家に属する国民、③対外的には独立で平等、対内的には唯一かつ最高の権威を有する主権を保有、④他国から主権国家としての存在を承認されている、というものである。この4点は、1933年にアメリカと中南米諸国によって締結され、その内容が世界的に広まったモンテヴィデオ条約の主権国家の要件である（廣瀬、44-45頁）。

　また、田中は、主権国家の特徴として、①領域性、②官僚制、③常備軍という3点を指摘している（田中、25-28頁）。

　領域の重要性に関して、田中は15世紀前後の軍事革命で大砲が進歩したこと

により、中世まではそこまで重視されていなかった領域ができるだけ敵を遠ざけるという安全保障上の目的から絶対的に重要になったと論じている。この領域の重要性は、18世紀中頃に高度なヨーロッパ地図が完成し、戦争によって他国の管轄権を管理できるようになると、さらに高まっていくことになる（ブラック）。

官僚制は中世以前の統治体制にはなかった、各部門に職業として専門家を配置し、総合的に国家運営を行なうという点で画期的であった。官僚制は主権国家内部の制度化を促し、これにより主権国家はアクターとして強固になっていった。

主権国家が対外的な脅威に対して領域内の国民の安全を担保できなければ、近代の最適アクターとして台頭することはなかったであろう。国民、そして統治している領域の安全確保は、経済活動や社会の安定にとっても必要不可欠であった。常備軍に関して、18世紀までは外国人の傭兵も雇われていたが、各国でナショナリズムが勃興し、戦争および戦争への参加がナショナリズム強化のための重要になると、常備軍は自国民で構成されるようになった。

4. 主権国家の変容過程

ウェストファリア条約後に、西欧で唯一のアクターと見なされるようになったのは、絶対王政国家であった。絶対王政国家は国家の主権が国民ではなく、専制君主個人に帰せる国家のことを指す。「朕は国家なり」というせりふで有名なルイ14世はまさに典型的な絶対王政時代の専制君主であった。

知識人たちも絶対王政国家を主権国家と見なし、これを支持した。その代表的な論者がジャン・ボダン（Jean Bodin）やトマス・ホッブズ（Thomas Hobbes）である。絶対王政の基礎的条件は、単一の主権者による一元的な実効支配および領土全域への規則の適用である。そのためには、その権威を正統化するものが必要であった。その際に用いられたのが王の権威は神から与えられたという「神授権」であった。ボダンは『国家論』のなかでこの考え方を支持している。

一方、ホッブズの絶対王政の理解は人間と人間が起こす戦争の脅威を基盤とし、国内の無秩序な状態（万人の万人に対する闘争状態）に安心感を求めるのであれば、絶対的な政治権力（リヴァイアサン）を支持することを提唱した。

　絶対王政を基盤とした主権国家が動揺するのは、アメリカ独立戦争とフランス革命によって人民主権の概念が正統性を持ち、フランス革命後からナポレオン戦争期にかけてナショナリズムが顕在化してからである。この時代のナショナリズムの特徴は、①主権国家が王朝による絶対王政国家から国民国家（ネイション・ステイト）へと代わる、②国内の民主化と国民の独立が密接に結びつく自由主義的ナショナリズム、③国民の統合の手段、という３点であった（高橋、132-134頁）。

　自由主義的ナショナリズムは絶対王政国家の国民国家化を進展させただけでなく、19世紀には多民族を統治していたオスマン帝国（オスマン朝）やハプスブルク帝国において、エスニシティを基盤とした国家の確立、つまり民族自決に基づく独立運動を活発化させ、帝国の弱体化の要因となった。民族自決は、第一次世界大戦後にヨーロッパから世界に拡大し、植民地政策に対する対抗運動の手段となっていく。国民統合の手段としてのナショナリズムは、19世紀に入りドイツで活発となる。国民統合の手段としてのナショナリズムは、次第に右派勢力が中心に据える概念となり、しばしば排外主義的で攻撃的な様相を帯びる傾向があった。この「攻撃的ナショナリズム」が最悪の形で発現したのが、ナチス時代のドイツであった（同上書、135-136頁）。

　人民（国民）主権こそが主権国家の理想であると考えたのはジョン・ロック（John Locke）であった。ロックは、ホッブズなどとは異なり、国際法学者のヒューゴ・グロティウス（Hugo Grotius）が国際社会の特徴として提示した社会性の概念を強調した。自然状態というのは暴力が蔓延することではなく、善意、保護、相互依存の状態であるとロックは説いた、とマーティン・ワイト（Martin Wight）は指摘している（ワイト、49-50頁）。

　ナショナリズムが非西洋地域に本格的に広がるのは第二次世界大戦前後の時期である。第一次世界大戦時のアメリカ大統領で、国際連盟創設を提唱した人

物としても知られるウィルソンは、有名な14カ条の原則のなかで民族自決を提唱したが、その際に念頭に置いていたのはあくまでヨーロッパにおけるそれであった。第一次世界大戦後、アジアやアフリカで西洋列強の帝国主義および植民地主義に抵抗する概念としてナショナリズムが活用され始め、それらの地域でも国民国家の枠組みが強固なものになっていった（篠田、70-71頁）。これはベネディクト・アンダーソン（Benedict Anderson）が「想像の共同体」と概念化した、国民の創造の過程であった。というのも、非西洋地域の国境は多くの場合、現地に住む人々ではなく、植民地支配を行なっている国々が作為的に引いたものだからである。

　このように、国民国家は18世紀に見られるようになってから第一次世界大戦に至るまでは国民に基づく国家と民族（エスニシティ）に基づく国家が相俟って使用されてきたが、反植民地運動で使用されるようになると、次第に前者の意味に特化されるようになっていった。

●参考文献

- 芝崎厚士「〈帝国〉とマルチチュード：新しい世界の構想」小田川大典、五野井郁夫、高橋良輔編『国際政治哲学』ナカニシヤ出版、2011年。
- 篠田英明『国際社会の秩序』東京大学出版会、2007年。
- 信夫隆司「国際変動の進化論的アプローチ―進化論的サーヴェイ―」『総合政策』第4巻第1号。
- 白石隆『海の帝国―アジアをどう考えるか―』中央公論新社、2000年。
- ジェレミー・ブラック（関口篤訳）『地図の政治学』青土社、2001年。
- 高橋進『国際政治史の理論』岩波書店、2008年。
- 田中明彦『世界システム』東京大学出版会、1989年。
- 中西寛、石田淳、田所昌幸『国際政治学』有斐閣、2013年。
- バリー・ブザン（佐藤誠、大中真、池田丈佑、佐藤史郎編訳）『英国学派入門』日本経済評論社、2017年。
- 廣瀬陽子『未承認国家と覇権なき世界』NHK出版、2014年。
- マーティン・ワイト（佐藤誠、安藤次男、龍澤邦彦、大中真、佐藤千鶴子訳）『国際理論―3つの伝統』日本経済評論社、2007年。
- 山影進「主権国家体系生成過程への接近―立体像を描くための語り口と切り口」山影進編著『主権国家体系の生成―「国際社会」認識の再検証―』ミネルヴァ書房、2012年、1-30頁。

・山本有造「「帝国」とは何か」山本有造編『帝国の研究―原理・類型・関係―』名古屋大学出版会、2003年。

●お薦め文献

　主権国家体系が出来上がる前の時代、特に中世との比較に関しては、本章でも参照した田中明彦『世界システム』東京大学出版会、1989年が包括的である。また、主権国家がいかに生存競争に勝ち残り、主要なアクターとして台頭したかに関しては、Hendrik Spruyt, *The Sovereign State and Its Competitors: An Analysis of Systems Change*, Princeton: Princeton University Press, 1996が興味深い検証を行なっている。帝国、特に世界帝国に関しては、山本有造編『帝国の研究―原理・類型・関係―』名古屋大学出版会、2003年が詳しい。

　主権国家体系に関しては山影進編著『主権国家体系の生成―「国際社会」認識の再検証―』ミネルヴァ書房、2012年、そしてヨーロッパにおける主権国家体系の変容を概観するには、君塚直隆『近代ヨーロッパ国際政治史』有斐閣、2010年がまとまっている。主権国家に関しては、その変化に焦点を当てた篠田英朗『「国家主権」という思想―国際立憲主義への軌跡』勁草書房、2012年を参照のこと。近年存在感が高まっている非国家主体に関しては、例えば、廣瀬陽子『未承認国家と覇権なき世界』NHK出版、2014年や毛利聡子『NGOから見る国際関係』法律文化社、2011年が参考となる。また、高橋進『国際政治史の理論』岩波書店、2008年は主権国家体系および主権国家を検討する際に有益な手掛かりを提供してくれる。

第2章　国際政治理論の「4つ」の論争

第2章
・国際政治理論における4つの論争とはどのようなものであったか
・4つの論争は国際政治理論にどのようなインパクトを与えたのか
・国際政治理論が抱える課題は何か

---

1. 理想主義者の学問として始まった国際政治学

「はじめに」で見たように、学問としての国際政治学は第一次世界大戦後にウェールズ大学のアヴェリストゥイス校で始まり、その後、戦間期にイギリス、第二次世界大戦後はアメリカを中心に広まってきた。ウェールズ大学に続きロンドン経済政治学院（LSE）やオックスフォード大学で国際政治に関連する授業が設けられた。

LSEで長年国際関係論と中東政治の講座を担当したフレッド・ハリディ（Fred Halliday）は、国際関係論（国際政治学）の3つの構成要素を、国家間関係、トランスナショナルな性質、システムとしての性質と定義している（ハリディ、10頁）。

国際政治学発展の歴史は約100年になろうとしているが、とりわけその考え方の枠組み、つまり理論的な考え方に関してはさまざまな論争が展開されてきた。近年ではそうした論争自体が「神話」であり、あまりにも単純化されているといった批判もあるが、国際政治学の発展を概観するうえでこれまで起こってきた論争に注目することは有益であろう。ではこれまでに国際政治学においてどのような論争が展開されてきたのだろうか。通常、国際政治学の教科書

では3つもしくは4つの大論争（Great Debates）について触れられることが多い。それらは、第一次世界大戦と第二次世界大戦の間の戦間期における理想主義者と現実主義者の間の論争（第一の論争）、国際政治学の分析手法をめぐる伝統主義と行動科学主義の間の論争（第二の論争）、国際政治の見方、観察の切り口をめぐるパラダイム間の論争（第三の論争）、そして、ラショナリズムとリフレクティヴィズム（実証主義とポスト実証主義と呼ばれることもある）の間のアクターの行動の起源に関する論争（第四の論争）である。これに加えて、1980年代の構造的リアリスト（ネオリアリスト）とネオリベラリストの間のいわゆるネオ・ネオ論争も生じた。本書では上記した4つの論争に加え、2000年代から展開されている西洋中心の理論に対する非西洋の理論の挑戦を取り上げたい。これまで見てきたように、国際政治学は基本的に西洋世界の経験やそこでのイニシアティブを中心に発展してきた。国際政治学とその理論が西洋的色彩を色濃く帯びていることは疑いの余地がない。しかし、それは真の意味で国際政治学の理論と言えるのだろうか。国際政治学が真の意味で国際化するには、これまで西洋中心に発展してきた国際政治学に非西洋の見方や経験を取り入れていくことが不可欠である。こうした取り組みはブザン、オーレ・ウェーヴァー（Ole Wæver）、アルレネ・ティックナー（Arlene Tickner）、ジョン・ホブソン（John Hobson）、アミタヴ・アチャリヤ（Amitav Acharya）などを中心に現在進行形で進められている。日本でも「日本の国際関係論」とは何かという問題意識の下で執筆された著作は近年は目立っている。

2. 第一の論争

1910年代末から1920年代に至るまで、国際政治学を牽引したのは理想主義者（Idealist）と呼ばれたジマーン、ウェブスター、ノーマン・エンジェル（Norman Angell）、フィリップ・ノエル・ベーカー（Philip Noel-Baker）たちであった。理想主義は批判的に空想主義と呼ばれたり、リベラリズムと同一視されてきた。古典的リアリズムの代表的な論者であるカーは、『危機の二十年』のなかで批

判的に理想主義者を空想主義者と呼んだ。カーが批判したのは、理想主義者たちが平和を達成するために国際組織、国際法、経済的な相互依存関係の深化、平和教育などを強調するあまり、現実に起こっている力による外交の分析を軽視し、そのことが第二次世界大戦の起源となった点であった。理想主義者に該当する研究者や実務家は自らを理想主義者とは自称していなかった。この論争は相互的なものではなく、現実主義者を自認するカーの理想主義者たちに対する一方的な売り喧嘩であった。近年では、カーの批判で有名になってしまった理想主義者の業績を再評価する動きが目立っている。

　それでは国際政治学において理想主義者はリベラリズムの系譜に連なるのだろうか。この点に関する答えは明らかにイエスと言える。例えば、世界各国で広く使用されている国際政治学の教科書を執筆したロバート・ジャクソン（Robert Jackson）とジョージ・ソーレンセン（Georg Sørensen）は、リベラリズムを①社会的（多元的）リベラリズム、②相互依存的リベラリズム、③制度的リベラリズム、④共和的リベラリズムに分類している。このなかでとりわけ相互依存的リベラリズムと制度的リベラリズムは理想主義者たちの発展させた国際機構の分析（ジマーンやウルフ）と経済的相互依存の分析（エンジェル）がその起源の1つとなっている。その意味では理想主義者はリベラリストであるが、戦間期のリベラリスト、特に国際連盟に強い情熱を傾けていた人々を理想主義者と呼ぶのが適切であろう。

　理想主義者を語るうえで不可欠なのが、ウッドロー・ウィルソン講座であった。デイヴィスがこの講座の設立の寄付を行ない、ウィルソン講座と命名したことは「はじめに」で触れたが、この講座の主たる研究対象は戦争を防止するために設立された国際連盟であった。アヴェリストゥイス校は、アヴェリストゥイス大学となった現在でもウッドロー・ウィルソン講座付きの教授職は連綿と続いており、現在はアンドリュー・リンクレーター（Andrew Linklater）が務めている。

3. 第二の論争

　第二の論争は、1960年代初頭に起こった。この論争は、1930年代末以降、趨勢を誇ってきた古典的リアリズムおよびイギリスで歴史学、哲学、法学を基礎に発展した、いわゆる英国学派に対して、「行動科学主義」を取り入れた研究者が方法論の観点から疑問を呈するというものであった。自然科学のような客観的で体系的な分析を目指す行動科学の導入はアメリカを中心に他の社会科学の分野にも及んでおり、国際政治学も例外ではなかった。行動科学主義の特徴としては、分析対象の精査、社会システム論の導入、そしてゲーム理論や計量的手法に代表される数量研究の導入であった。行動科学主義者の代表格であるデイビッド・シンガー（David Singer）によると、行動科学主義の導入は国際政治学にとって、①データの体系的な整理、②研究の仮説の明確化、③データの良し悪しの基準設定、④より丹念な実証研究の実現、という4つの点で理論を精緻化するものとされた（シンガー、128-131頁）。特にシンガーは国際政治学では研究におけるデータ収集とデータ分析が徹底されていないことを指摘した。

　しかし、行動科学主義の台頭により生じた第二の論争は、ハリディによると、3つの点でうまくいかなかった（ハリディ、14頁）。まず、行動科学主義が批判した古典的リアリズムおよびそこから派生した構造的リアリズムは行動科学主義の影響を受けつつも国際政治学の中心に位置し続けた。2つ目に、行動科学主義の主張は伝統主義者に極めて限定的にしか受け止められなかった。伝統主義者に位置づけられる英国学派のヘドリー・ブル（Hedley Bull）およびフレッド・ノースエッジ（Fred Northedge）と行動科学主義者に位置づけられるジェームズ・ローズノー（James Rosenau）およびモートン・カプラン（Morton Kaplan）の論争は結局議論が嚙み合わない形で終わったのはその象徴的な出来事であった。3つ目に、行動科学主義は古典的リアリズムやリベラリズムに対抗する新たな理論の学派を作り出すというよりは、リアリズムやリベラリズムを補足する役割を果たしたにすぎなかった。ただし、この補足は実証性を高め

るという点においては非常に有効な手段ともなり得るもので、その後、徐々に国際政治学に浸透していくことになった。

一方で、ハリディは第二の論争の重要な点として、国際政治学の内部に新たな下位分野が発展したことを指摘している（同上書、14頁）。それらは、対外政策分析、相互依存論、国際政治経済学であった。そのなかで、相互依存論はリベラリズム、国際政治経済学はリアリズムとリベラリズムに収斂されていくことになる。一方、対外政策分析は主流の国際政治の理論潮流とは一線を画すこととなる。なぜなら、対外政策分析は国際政治学でそれまでブラックボックスとされてきた内政の外交形成過程の分析に焦点を当てたためである。「はじめに」で述べたように、従来、内政の問題を主に扱うのは比較政治学であった。しかし、対外政策分析は比較政治学の知見も取り入れる形で国際政治学のなかで今日まで独自の発展を遂げている。

ハリディは行動科学主義にかなり辛口の評価を下しているが、平和研究および戦争研究においては行動科学主義が全面的に取り入れられた。平和研究の代表的な雑誌である *Journal of Peace Research* などでは行動科学主義に基づく論文が多数を占めており、現在は日本語訳も出ている行動科学主義の代表的な著作とされるトーマス・シェリング（Thomas Schelling）の名著『紛争の戦略』はその後の研究者に大きな影響を及ぼした。日本でも武者小路公秀や関寛治によって行動科学主義が紹介され、現在では、例えば、山影とその影響を受けた研究者がシミュレーションを導入し、国際政治学の動態を捉える研究を行なっている。

4. 第三の論争

第三の論争は正確には2つの種類がある。一般的に欧米では第三の論争といった場合、本書で第四の論争として扱う、ラショナリズムとリフレクショナリズムの論争（実証主義とポスト実証主義の論争とも呼ばれる）を指す場合が多い。しかし、場合によって、1970年代に構造的リアリズム、相互依存論に基づ

くネオリベラリズム、マルクス主義の間の分析視点をめぐる論争、いわゆるパラダイム論争を指す場合がある。パラダイムとは、トーマス・クーン（Thomas Kuhn）が『科学革命』のなかで指摘した概念であり、時代によって移り変わる支配的な物の見方のことである。国際政治学が学問として立ち上げられて以来、そのパラダイムの中心は「諸国家間の戦争と平和」であり、第一の論争以降、諸国家間の対立（をどう防ぐか）に焦点を当てる古典的リアリズムの見方が優勢であった。各理論の詳細は後述（第Ⅱ部）するが、1970年代にすでに確立されていた古典的リアリズム、リベラリズム、マルクス主義に基づく国際政治学は新たな展開を見せるようになる。端的に述べると、リベラリズムとマルクス主義が古典的リアリズムに挑戦し、リアリズムにおいて新たな切り口が提示された、という道筋をたどった。リベラリズムとマルクス主義が古典的リアリズムに挑戦した背景として、1970年代における石油危機、多国籍企業の台頭、地域統合の進展、第三世界と呼ばれた国々の国際政治上での影響力の増大があった。リベラリズムにおいて中心的な役割を果たしたのが、ロバート・コヘイン（Robert Keohane）とジョセフ・ナイ（Joseph Nye）であった。彼らは国際政治において主権国家のみを中心的なアクターとして捉えることはもはや限界であるとし、1972年に『トランスナショナルな関係と世界政治』を編集し、多国籍企業をはじめとした脱国境的なアクターの重要性を強調した。次いで、『パワーと相互依存』を執筆し、経済的な相互依存、そして多様なイシューに対応するためのレジーム形成に焦点を当てた。コヘインとナイの考えはネオリベラリズムの先がけであった。

　マルクス主義の分析枠組みでは、すでに1960年代に従属論が提示されていたが、ヨハン・ガルトゥング（Johan Galtung）やイマニュエル・ウォーラーステイン（Immanuel Wallerstein）は、支配と従属の関係は単に富んでいる北の先進国と南の途上国の関係ではなく、より構造的なものであるという構造論の視点を採った。ガルトゥングは「構造的暴力論」、そしてウォーラーステインは主権国家の枠組みを超えて、資本主義の史的発展を分析する「世界システム論」を提示した。

こうした既存のパラダイムに対する批判にリアリズムも反応した。ロバート・ギルピン（Robert Gilpin）は貿易の増加で経済の重要性が増していることは認めつつ、しかし、その経済関係を取り仕切るのはやはり国家であると主張した。そのうえで、覇権国の重要性を強調した。また、ケネス・ウォルツ（Kenneth Waltz）はすでに1950年代末から構造論的視点に関心を寄せていたが、経済学の知見を用いて、アナーキー（無政府）という構造が国際政治の決定的要因であるとする説明を『国際政治の理論』で展開した。

第三の論争も第二の論争と同じように決着はつかないものであったが、第二の論争よりも有益な対話がなされ、リアリズムのなかからも新たな理論的切り口が提示された。

5. 第四の論争

第四の論争は、1980年代に構造的リアリズムおよびネオリベラリズムに対する挑戦として始まった。これは、ラショナリズムとそのアプローチに反対するリフレクティヴィズムの間の論争であった。リフレクティヴィズムと一括りにされるが、そのなかには批判理論、ポストモダン、そしてコンストラクティヴィズム（構成主義とも呼ばれる）が含まれる。1980年代に批判理論とポストモダンが、1990年代にコンストラクティヴィズムが台頭した。批判理論（批判理論にもいくつかの潮流があるが、詳細は第7章　批判理論を参照）とポストモダンは主として、ラショナリズムの欠点、特に史的アプローチの欠如とパワーの多様性を指摘した。一方、コンストラクティヴィズムはラショナリズムを批判するだけでなく、主としてラショナリズムに代わる代替案を提示することを試みた。さまざまな批判はあるが、コンストラクティヴィズムがその後、国際政治学に定着したのは、代替アプローチを提示し、ラショナリズムに貢献されると見なされたためである（Katzenstein, Keohane and Krasner, pp. 645–685）。その意味ではラショナリズムとリフレクティヴィズムの論争というのはやや的外れな呼称と言える。

とりわけコンストラクティヴィズムが注目されるようになったのは、冷戦の崩壊という現実の国際政治の大変動に起因していた。ウォルツの構造的リアリズムやネオリベラリズムは冷戦の崩壊を予想できなかったため、それらの理論の有用性に疑問が呈されたためである。冷戦体制崩壊後にも、構造的リアリストであるジョン・ミアシャイマー（John Mearsheimer）がドイツの軍事武装およびヨーロッパにおいてアメリカの挑戦国になることを指摘したが、そうした事態は起こらなかった。ここに至り、国際政治は構造的リアリストが主張するように、アナーキー下でのパワーの変動だけで説明することの限界が露呈された。

　（ハード）パワー、これを因数分解すると軍事力と経済力となる。軍事力と経済力はともに物理的なものである。コンストラクティヴィズムに位置づけられる研究者たちは、そうした物理的な要因だけに焦点を当てるラショナリストの分析を一面的であると非難する。なぜなら、物理的な要因、つまりパワーを行使するアクターの意図や行動は、規範、観念、アイディア、アイデンティティーといった非物質的要素によって形づけられるからである、というのがコンストラクティヴィストの主張である。クリスティアン・ルース＝スミット（Christian Reus-Smit）は、ラショナリストとコンストラクティヴィストの国際政治観の違いを端的にまとめている（Reus-Smit, pp.196-198）。第1に、ラショナリストたちはアクターを徹底して利益を追求する利己主義者と仮定するのに対し、コンストラクティヴィストはアクターを社会的に行動する主体と仮定する。第2に、ラショナリストはアクターの利益が外的要因によって決定される所与のものと捉えるが、コンストラクティヴィストは外的要因をアクターがどのように判断、対応するかで利益が決まるとする。もう少し噛み砕くと、ラショナリスト、とりわけ構造的リアリストはアナーキーという構造によってアクターである主権国家がパワーの増大もしくは維持という利益のために行動するようになると仮定する。それに対し、コンストラクティヴィストは、アクターである主権国家のアナーキーの捉え方は一様ではなく、国家別に異なっていると仮定する。そのため、追求する利益も各国によって異なるのであり、それはアナー

キーという外的要因と各国の内的要因、つまり国内の政治状況や政策決定者の選好などの相互作用によって決定されると考える。

6. 西洋中心主義への挑戦

2000年代に突入し、すでに17年の歳月が過ぎたが、国際政治の理論は既存の潮流のなかで新たな派生は見られるものの、新たな潮流は見られていない。とはいえ、国際政治の理論の動向が停滞していたわけではない。ある意味では、国際政治の理論の根本を突き崩す動きが目立つようになってきている。それは、国際政治学が誕生して以来、隠れた形容詞として国際政治学を拘束してきた「西洋中心」への挑戦である。ホブソンは、『世界政治における西洋中心思考』という著書のなかで、いかにこれまでの国際政治学の理論が西洋中心主義であったかを鮮やかに描き出している（Hobson）。また、こうした動きは近年、現実の国際政治におけるアメリカの覇権の相対的な衰退と中国をはじめとしたBRICSの台頭という権力関係の変化に呼応したものとも言えるだろう。西洋中心主義への挑戦、つまり非西洋の国際関係論は、西洋中心主義を擁護する立場からの反論がなく、学会などでは「第五の論争（パラダイム論争を含めない場合、第四の論争）」と呼ばれるには至っていないが、国際政治理論に与えるインパクトは非常に大きいと言えるだろう。

2004年からティックナー、ウェーヴァー、デイヴィッド・ブラネイ（David Blaney）を中心に国際関係理論における「西洋」という枠組みを超える目的で「国際関係論における地理文化的認識論」というプロジェクトが立ち上げられ、その成果が次々と出版されている。同じく、非西洋の国際関係に焦点を当てたブザンとアチャリヤを編者とした共同研究も同時期に出版された。また、世界最大の国際政治の学会であるISA（International Studies Association）の2015年の年次大会のテーマは「グローバルな国際関係と地域世界」であり、非西洋の国際関係理論が中心的な議題となった（詳細は第12章 非西洋の国際関係理論を参照）。

こうした非西洋の国際関理論は、当然のことながら非西洋地域で盛んになっ

た。特に日本、中国、インド、ラテンアメリカ諸国でそうした動きが目立った。日本における先駆的な業績は酒井哲哉の『近代日本の国際秩序論』である。次いで、日本国際政治学会の英文機関誌である *International Relations of the Asia-Pacific* 誌や2009年に出版された日本国際政治学会編『日本の国際政治学１』で日本や東アジアの国際関係理論について扱われている。2017年には大矢根聡編著『日本の国際関係論：理論の輸入と独創の間』、初瀬龍平ほか編著『国際関係論の生成と展開：日本の先達との対話』が立て続けに出版されるなど、近年日本における国際政治学の発展に熱い視線が注がれている。

7. 国際政治学の理論はどこに向かうのか

本章では国際政治の理論の流れを概観する目的で、国際政治理論の諸論争に注目した。これらの論争を俯瞰すると、国際政治学の理論は、純粋に学問的な発展によって新たな段階に向かう場合と、現実の国際政治の変化および力関係の変化によって新たな展開を見せる場合があることが理解できる。そのため、今後国際政治学がどのような進展を遂げるかを予想するのは容易ではないが、いくつかの傾向が見られる。まず、第二の論争となった伝統主義と行動科学主義の間の論争は現在に至るまで継続している。いかに実証するのかという点でやはり行動科学主義の有用性は高い。問題は、行動科学主義の手法を現実の国際政治の問題解明のためにどのように使用するかだろう。また、リアリズムに対する信頼度が低下してきている。これはもはや非国家主体、地域機構、国際機関を分析せずに国際政治は語れない状況にあるためである。リアリズムのなかからも内政や政策決定者の判断を分析の俎上に載せる新古典的（ネオクラシカル）リアリズムが台頭するなどしており、今後リアリズムがどのような変化を遂げるのか興味深い。また、本章でも取り上げた西洋と非西洋の国際政治理論の相克であるが、今後は非西洋の国際政治理論の比重が高まることが予想される。西洋から誕生した国際政治学は真の意味で国際的な視点を持つことができるのか、国際政治学は学問としてどのように発展していくかの岐路に立って

いる。

●参考文献
・デビッド・シンガー（武者小路公秀訳）「国際関係論研究に対する行動科学の貢献」『講座　情報社会科学　第5巻　情報社会科学への視座1　社会科学における計量的方法』学研、1971年、127-152頁。
・フレッド・ハリディ（菊井禮次訳）『国際関係論再考』ミネルヴァ書房、1997年。
・Christian Reus-Smit, "Constructivism" in Scott Burchill etc.(eds.), *Theories of International Relations (3rd edition)*, Palgrave, 2005, pp.188-212.
・John Hobson, *The Eurocentric Conception of World Politics: Western International Theory, 1760-2010*, Cambridge: Cambridge University Press, 2012.
・Peter Katzenstein, Robert Keohane and Stephen Krasner, "International Organization and the Study of World Politics", *International Organization*, Vol.52, No.4, 1998, pp.645-685.

●お薦め文献
　国際政治理論に関する大論争に関しては、Robert Jackson and George Sørensen, *Introduction to International Relations (Sixth edition)*, Oxford: Oxford University Press, 2016のパート1の部分で要約されている。また、第一の論争の詳細に関しては、Brian Schmidt (ed.), *International Relations and the First Great Debate*, New York: Routledge, 2012を参照されたい。第二の論争に関しては、例えば、Morton Kaplan, "The New Great Debate: Traditionalism vs. Science in International Relations", *World Politics*, Vol.19, No1, 1966, pp.1-20を、第三の論争に関しては、Ernie Keenes, "Paradigms of International Relations: Bringing Politics Back in", *International Journal* Vol.44, No.1, 1988/1989, pp.41-67を参照されたい。第四の論争（第三の論争）に関しては論争を呼んだ、Yosef Lapid, "The Third Debate: On the Prospects of International Theory in a Post-Positivist Era", *International Studies Quarterly*, Vol.33, 1989, pp.235-254を参照されたい。非西洋の国際関係理論に関しては、第12章のお薦め文献を参照のこと。

第Ⅱ部
国際政治理論の射程

第3章　古典的リアリズム

第3章
・古典的リアリズムに影響を与えた思想家は誰で、その考えはどのようなものであったか
・カーとモーゲンソーのパワーに関する考えはどのようなものであったか
・ケナンとキッシンジャーの外交に関する考えはどのようなものであったか

1.　リアリズムの定義

　リアリズム（現実主義）は国際政治学のなかで最も伝統があり、これまで最も参照されてきた理論の一群である。リアリズムの一般的な特徴としては、①国際政治の主要なアクターが国家である、②国際政治の構造はアナーキー（無政府）である、③国家の行動原理の源泉は生存である、④人間の本性は悪である、という4点が必ず指摘される。

　本書では古典的リアリズムと構造的リアリズム（ネオリアリズム）を別々に検討する。リアリズムを検証するうえで便利なのは、ウォルツが1959年に著した『人間・国家・戦争』のなかで提示した3つのイメージ（レベル）である。ウォルツは国際政治を分析するうえでのレベルを個人、主権国家、国際システムに分類した。古典的リアリズムが主に主権国家を重視するのに対し、構造的リアリズムは国際システムを重視する。もちろん、いずれのリアリズムも3つのレベル全てに目配りはしている。また、分析レベルと古典的リアリズムの関係においてしばしば見られるのが、有力な政策決定者を主権国家そのものと見なす傾向である。その意味では、個人レベルも主権国家のレベルに収斂されている

と言えるだろう。

2. 古典的リアリズムの思想

　古典的リアリズムの原型を示した思想家および歴史家として、たびたび言及されるのがトゥキディデスである。国際政治学のテキストとして日本ですでに10版（2017年7月現在）を重ねているナイとデイヴィッド・ウェルチ（David Welch）の『国際紛争』でもトゥキディデスに頁が割かれている（ナイ／ウェルチ、21-32頁）。古典的リアリズムの視点で見た場合、トゥキディデスの貢献は大きく4点にまとめることができる。

　第1に、なぜ戦争が発生するのか、という問いに関して、勢力均衡の構造（トゥキディデスの時代ではポリス間）を指摘した点である。第2に、国際政治における道義とパワーの関係について検討した点である。第3に、人間の本性を悪と捉えた点である。第4に、間接的ではあるが、いわゆる「安全保障のジレンマ」と「同盟のジレンマ」に関して言及した点である（スミス、18頁；土山、2頁）。

　2点目と4点目に関しては、説明が必要であろう。道義とパワーの関係に関しては、有名な「メロス島民との対談」と「ミュティレネ論争」に顕著に見られる。「メロス島民との対談」とは、アテネ人の将軍がメロス島民に対して過酷な要求を突きつける際に言及した、「われわれの側はそのことについて、一切の説明を省く。なぜなら、われわれだけでなく、あなた方も以下の事実を心得ているからだ。つまり、この世で通ずる理屈によれば、正義の基準は、強制力が相手と同等かどうかによって決まる。しかも実際は、強者は強制しうることを強制し、弱者は受諾せざるをえないことを受諾するのである」というコメントのことである（トゥーキュディデース、451頁）。一方の「ミュティレネ論争」とは、アテネ人がミュティレネにおける反乱を鎮圧した際にその処遇をどうするかで起こった論争で、そこで当時最も影響力のあったデマゴーグ、クレオンは「ミュティレネは、力を最優先に、正義を二の次に考えるように決めたの

だ。かれらは、いまなら自分たちが勝てると踏んで、大義の無い攻撃をわれわれに仕掛けたのだ。・・・反乱は死罪によって償われる。この慣習を徹底させることによって、他の同盟国への見せしめにするのがよい」と主張した（同上書、378-384頁）。いずれのケースもポリス間の関係では、道義よりもパワーが重要視されたことを示す事例である。

「安全保障のジレンマ」は、ジョン・ハーツ（John Hartz）によって理論化された概念で、「互いの疑惑と恐怖からくる不安感が各国をして一層の安全を求めて一層の国力追求へと駆り立てる。しかし、他国も同様に国力を追求するため、完全な安全は永遠に成り立たない」というジレンマのことである。また、「同盟のジレンマ」はジャック・スナイダー（Jack Snyder）とトーマス・クリステンセン（Thomas Cristensen）が指摘したもので、トゥキディデスの『ペロポネソス戦争』（『戦史』）においては、アテネがケルキュラを見放せば将来戦争となった場合に、ケルキュラからの援軍が見込めず、戦争に勝てなくなるかもしれないという恐怖と、今ケルキュラに加担すれば自国の利害と直接関係ない戦争に引き込まれるかもしれないというジレンマのことである。いずれのケースも『ペロポネソス戦争』にその原型が見いだされた。

このように、『ペロポネソス戦争』は豊富な事例を含んでおり、古典的リアリストにとってバイブルと言えるものである。『ペロポネソス戦争』に次ぐ古典的リアリストのバイブルはホッブズの『リヴァイアサン』だろう。『リヴァイアサン』は広く知られているように、基本的には国内において暴力的な自然状態、つまり無秩序における人間の安全を保障するための国家権威を正当化する議論である。人々は安全を保障してもらうために国家権威と契約を結ぶ必要が生じる。

この議論は国際政治学にも応用された。なぜなら、国際政治は無政府状態であるアナーキーが基本であり、ホッブズの人間の本性を悪とする考え、そして無政府状態における「万人の万人に対する闘争状態」という考えが適用しやすかった。ただし、ブルが的確に指摘しているように、ホッブズは無政府状態を無秩序と理解しているが、国際政治において、無政府と無秩序は明確に異なる

（ブル、56-57頁）。しばしば、ホッブズは国際政治のアナーキーを最初に指摘した思想家と評されるが、無政府＝無秩序という考えはリアリストにしても受け入れていないことは強調しておきたい。

『ペロポネソス戦争』や『リヴァイアサン』に比して、ニコロ・マキャヴェリ（Niccolo Machiavelli）の『君主論』やカール・フォン・クラウゼヴィッツ（Carl von Clausewitz）の『戦争論』は国の統治や戦争遂行のための指南書、現代風に言えばハウツー本に当たる。マキャヴェリは、国家の道徳とは、すなわち生存することであり、国家指導者は国家を存続させることが責任であり、それこそが道徳であると論じた。『戦争論』や孫子の『兵法』は戦争における戦略論であり、国家が生存を図るうえで、また、場合によっては領土をはじめ、その勢力を拡大させるうえで重要な示唆に富んでいる。

3. 古典的リアリズムの理論家たち

(1) E.H.カー

　国際政治学が学問として発展し始めたなかで、最初のリアリストと位置づけられるのがカーである。国際政治学における第一の論争の部分でも論じたように、カーは理想主義者たちの楽観主義を厳しく批判した。ただし、『危機の二十年』を一読すればわかるが、この著書は言われているほど凝り固まったリアリズムの書物ではない。むしろ、理想主義者たちが掲げた平和に対して、カーは理解を示している。彼が問題視したのは、理想主義者たちの平和を確立するための認識と方法論的な部分であった。理想主義者は平和の達成のために①道徳的に誠実さを必要とし、②自由放任経済と各国間の利害の調和を強調した（スミス、95-99頁）。それに対し、カーは道義はパワーの産物であり、道義が効力を持つには強制力が必要となると指摘したうえで、結局、道義は普遍的なものでなく、その時々の大国の国益を反映したものであると論じた（同上書、110頁）。さらに、利害の調和とは現状維持を志向する諸大国の行動の結果にすぎないと指摘し、理想主義者の平和を目指す方法は、パワーを軽視しており、

パワーこそが国際政治の平和のために必要だと主張した。

カーはパワーを軍事力、経済力、世論を支配する力の3つに分類する（カー、204-279頁）。軍事力は最もわかりやすい政治的評価とされ、生存を保障するうえで最も重要視されるものとされた。経済力は軍事力を補うパワーとされ、外国市場の支配や資本の蓄えはその事例とされた。世論を支配する力は、20世紀に入ると外交がもはや一部のエリートだけのものではなく、世論によって外交が制限されたり変更されるという事態が起きてきた。そのため、世論をコントロールするパワーが不可欠となったとカーは指摘している。

一方、カーは自身が考える理想の道義は、大国による力の道義ではなく、諸国家の共通利益に基づくものとされ、そうした道義に沿って形成される制度や法は、フリーライダー（ただ乗りする人）に対して一定の強制力が働かされることが重要であると指摘している。カーはパワーと道義の両方を重視したものの、理想主義を批判したパワーに関する主張が誇大視されていったことは否めないだろう。『危機の二十年』は国際政治学におけるパワーの重要性を真正面から論じた最初の著作となった。

(2) ヨーロッパ大陸からアメリカへ

カーとその著書、『危機の二十年』は国際政治学におけるリアリズムの先駆けであったが、次第にリアリズムの中心はヨーロッパからアメリカに移っていった。これは、モーゲンソーなど、ドイツで教鞭を執っていた研究者、特にユダヤ系の研究者がホロコーストから逃れるためにアメリカに渡ったことに起因している。第二次世界大戦後にアメリカで活躍したリアリストとして思い浮かぶのはモーゲンソーのほか、ハーツ、ラインホールド・ニーバー（Reinhold Niebuhr）、アーノルド・ウォルファーズ（Arnold Wolfers）、ジョージ・ケナン（George Kennan）、ヘンリー・キッシンジャー（Henry Kissinger）などであろう。ただし、重要なのはカーと同様に、彼らは平和を求めており、その方法としてリアリズムを採用した、という点である。例えば、プロテスタントの神学者であったニーバーは超大国の道のりを歩みつつあったアメリカが力を誇示するの

ではなく、自制的な外交を展開することを提唱した。ニーバーは平和の達成のためには、まず、無秩序状態を終わらせ、そのうえで秩序作りの中心となる覇権国が専制的にならないよう防止することが肝要だと指摘した。そのためには、列強間の協力、また、覇権国に対しても法的・道徳的抑制を行なう必要があるとしている。また、前述したように「安全保障のジレンマ」を最初に指摘したハーツは、現実主義と理想主義の統合を目指し、リアリスト・リベラリストという立場をとった。

(3) ハンス・モーゲンソー

古典的リアリズムを最も体系的に論じたのがモーゲンソーであった。第二次世界大戦後の国際政治学は「モーゲンソーとの対話」であったと言われるほどその影響力は大きかった（吉川、170頁）。モーゲンソーの国際政治観を一言で述べると、「国際社会はアナーキーであり、国際政治はパワー・ポリティックスであるため、アクターである諸国家は慎重に自らの国益を考慮し、外交を展開する必要がある。国益はパワーを軸に決定される」となるだろう（スミス、187-188頁）。モーゲンソーのリアリズムへの貢献として真っ先に思い浮かぶのは、パワーの定義とリアリズムの6つの原理を提示したことである。モーゲンソーはパワーを①影響力としてのパワーと②属性としてのパワーに分類した。モーゲンソーによると、影響力としてのパワーとは、他人の心と行動に及ぼす制御とされる（モーゲンソー、97-98頁）。これはナイが提唱した「ソフトパワー」の原型と言ってよいだろう。一方、属性としてのパワーとは、国力に相当するものであり、ナイの言葉を借りれば、「ハードパワー」に当たる。

モーゲンソーのリアリズムの6つの原理は、①政治は永遠・普遍の人間性にその根源を持つ。ここでの人間性は自己中心的・利己的・私利的である、②国際政治の道義とは、国家生存のための国益の重視である、③利益こそ人間行動を支配する政治の本質である、④リアリズムはさまざまな政治行動の結果を比較考量することを政治における至上の美徳とする。人間の本性は限界があり、不完全であることが特徴であり確実に正しい答えは存在しない、⑤リアリズム

において、ある特定の国の道義的な願望と世界を支配するという願望は一致しない、⑥リアリズムは法万能主義的アプローチ（理想主義的アプローチ）や政治への経済の介入を否定する、というものであった（同上書、40-69頁）。この指針が古典的リアリズムの支柱となった。

モーゲンソーは『国際政治（Politics among Nations）』において、国際政治上で大国が選択する可能性のある3つの政策を説明している（同上書、119-221頁）。1つ目は、パワーを維持するための現状維持政策であり、これは歴史のある時点で成立している力の配分を維持することを目的とする。最も典型的なのが勢力均衡である。2つ目は、パワーを増大させる帝国主義政策であり、現状の打破を目的とする。帝国主義政策は幅があり、世界帝国の確立、地理的範囲が限定される帝国の確立、ある地域におけるパワーの優位の確立がその範疇に含まれる。また、モーゲンソーは帝国主義には軍事帝国主義、経済帝国主義、文化帝国主義の3つの方法があると説明している。軍事帝国主義は最も典型的な手法であり、経済帝国主義は公式・非公式の政策であり、近代的で合理的な方法とされた。文化帝国主義は人間の心理を征服するもので、プロパガンダやイデオロギーの普及が該当する。3つ目の威信政策は、ある国家が現実に有しているパワー、もしくは有していると信じているパワーを他国に認識させる政策である。方法として、ナポレオンの王冠授与式やヴェルサイユ会議のように、外交儀礼を通してなされる場合と、軍事力を誇示してなされる場合がある。威信政策は、上述した影響力としてのパワーと相関関係がある。

モーゲンソーは行動する学者でもあり、ヴェトナム戦争においてはアメリカの政策を批判する論陣を張った。繰り返しになるが、本章で扱った、古典的リアリストに分類される学者たちはあくまで平和達成のためにパワーを使用、または抑制することを重要視していた学者の一群であった。モーゲンソーはその姿勢を最も体現していた人物と言える。

(4) ジョージ・ケナンとヘンリー・キッシンジャー

古典的リアリズムは現実の国際政治にも影響を与えた。なぜなら、古典的リ

アリストに位置づけられるケナンとキッシンジャーが実務に関与したためであった。ケナンが実務から入り研究者へと転身したのに対し、キッシンジャーはハーバード大学の教授として名声を獲得した後、リチャード・ニクソン（Richard Nixon）政権とジェラルド・フォード（Gerald Ford）政権で入閣した。

　ケナンはハリー・トルーマン（Harry Truman）政権下でジョージ・マーシャル（George Marshall）が国務長官に就任し、政策企画本部を立ち上げると、その初代本部長に指名された。そして、冷戦初期にソ連に対する封じ込めを提唱した長文電報およびX論文を執筆し、ソ連に対する辛抱強い封じ込めの必要性を訴えた。1950年に政策企画本部の本部長の座をポール・ニッツェ（Paul Nitze）に明け渡し、53年には国務省を退官、プリンストン大学に移って研究生活を始めた。ケナンはソ連とロシアの研究に努めたが、それ以上に国務省勤務のなかで執筆した『アメリカ外交50年』がリアリズムの文脈ではしばしば引用される。ケナンはアメリカ外交における問題を、その法万能主義かつ道徳主義的アプローチであると指摘した。アメリカは第一次世界大戦後のウィルソンに見られるように、時に理想主義的な行動を推奨するが、外交に関してはあくまで身の丈にあった国益追求に徹するべきと指摘した。

　キッシンジャーの外交政策のモデルは、ナポレオン戦争後の19世紀前半のウィーン体制下でメッテルニヒ（Metternich）やカースルレー（Castlereagh）が展開した巧みな勢力均衡であった。ナポレオン戦争以前の勢力均衡は、超大国の出現を防ぎ、戦争の勃発を抑えるように大国間で「自動調節」されると信じられてきたが、ナポレオンの登場でその「自動調節」は機能不全に陥った。博士論文でメッテルニヒとカースルレーの戦力均衡を扱ったキッシンジャーは、それを『回復された世界平和』として出版するとともに、実務に移ってからは巧妙な操作を伴う勢力均衡を世界大で展開しようとした。このソ連に対する世界大の勢力均衡は、ケナンが提唱した封じ込め政策と類似のアプローチと言えた。キッシンジャーの政策は対ソ連のために中国と関係を改善した米中和解のような副次的なインパクトをアメリカ外交にもたらしたが、ソ連の行動を的確にコントロールできたとは言い難かった。1970年代の世界は、19世紀のヨー

ロッパに比して、あまりにも複雑であり、全てをソ連の行動の抑制につなげる巧みな外交を達成するのは困難であった。古典的リアリストであるキッシンジャーは相互依存が深まるとイデオロギー対立を軽視したが、これらの要素は冷戦期の1970年代には対応しなければならない問題であった。

(5) ヨーロッパ大陸の伝統は死なず

　本章で見てきたように古典的リアリズムは、トゥキディデス、マキャヴェリ、ホッブズといった思想家たちの考えに端を発し、カーとモーゲンソーを中心に発展してきた。特に第二次世界大戦後にアメリカで開花したが、それはモーゲンソーをはじめとした大陸ヨーロッパからやってきた研究者たちの功績であった。実務に携わったキッシンジャーもホロコーストを逃れて大陸ヨーロッパからやってきた研究者であった。その意味では、古典的リアリズムはヨーロッパの伝統であった。このアメリカにおける大陸ヨーロッパの伝統は、1970年代後半にアメリカ流の国際政治理論と言える構造的リアリズムが提起されると、急速にその勢いを失うことになっていく。

●参考文献
・E.H.カー（原彬久訳）『危機の二十年—理想と現実』岩波文庫、2011年。
・ケネス・ウォルツ（渡邉昭夫、岡垣知子訳）『人間・国家・戦争—国際政治の3つのイメージ』勁草書房、2013年。
・ジョージ・F・ケナン（近藤晋一、有賀貞、飯田藤次訳）『アメリカ外交50年』岩波書店、2000年。
・ジョセフ・ナイ／デイヴィッド・ウェルチ（田中明彦、村田晃嗣訳）『国際紛争—理論と歴史 原書第10版』有斐閣、2017年。
・トゥーキュディデース（久保正彰訳）『世界の名著5：戦史』中央公論新社、1980年。
・ヘドリー・ブル（臼杵英一訳）『国際社会論—アナーキカル・ソサイエティ』岩波書店、2000年。
・ヘンリー・キッシンジャー（伊藤幸雄訳）『キッシンジャー回復された世界平和』原書房、2009年。
・ホッブズ（永井道雄、上田邦義訳）『リヴァイアサンⅠ・Ⅱ』中央公論新社、2009年。
・マイケル・J・スミス（押村高ほか訳）『現実主義の国際政治思想—M.ウェーバーからH.キッシンジャーまで』垣内出版、1997年。

・モーゲンソー（原彬久訳）『国際政治―権力と平和―（上）（中）（下）』岩波書店、2013年。
・吉川直人「リアリズム」吉川直人、野口和彦編『国際関係理論（第2版）』勁草書房、2015年、153-182頁。
・Thomas Christensen and Jack Snyder, "Chain Gangs and Passed Bucks: Predicting Alliance Patterns in Multipolarity", *International Organization*, Vol.44, No.2, 1990, pp.137-168.

● お薦め文献

　古典的リアリズムは国際政治理論のなかで最も多くの本が書かれ、翻訳され、刊行されている。古典、必読文献、質の高い概説書、研究書のどれも充実している。古典的リアリズムを学ぶ上で必須なのは参考文献でも挙げたトゥキディデス、マキャヴェリ、ホッブズといった古典である。ただし、いきなり古典から読み始めると行き詰まってしまうことは多い。筆者もかつてはそうであった。必読文献であるカー、モーゲンソー、ケナンも古典よりは数段読みやすいが、やはりまず概説書を読み、ある程度基本概念を頭に入れてから必読文献に進むことをお薦めする。その方が必読文献の重要性が理解できるだろう。現在は質の高い概説書が数多く出ているので、それらのリアリズム／現実主義の箇所を読み、まとめるのも良い方法である。それに対し、一冊で古典的リアリズムの考えをバランスよく学ぶことができる概説書としては、出版年は1966年と古いが、古典的リアリズムの論点がよく理解できる高坂正堯『国際政治―恐怖と希望―』中央公論新社、1966年と、絶版となってしまっているが、必読文献をパワーと道義に着目して詳細に検討した、マイケル・J.スミス（押村高ほか訳）『現実主義の国際政治思想―M.ウェーバーからH.キッシンジャーまで』垣内出版、1997年の2冊をお薦めしたい。さらに一歩進み、古典的リアリズムの考えを理解したうえで、その世界観から現在の国際政治を見ると何がわかるのかを知りたい方には、勢力均衡による外交運営を経験、実践したキッシンジャーの最近の著書ヘンリー・キッシンジャー（伏見威蕃訳）『国際秩序』日本経済新聞出版社、2016年をお薦めする。この本はヘンリー・キッシンジャー（岡崎久彦訳）『外交（上）（下）』日本経済新聞社、1996年の続編に当たる。キッシンジャーの基本的な考え方をより深く理解したい場合はヘンリー・キッシンジャー（伊藤幸雄訳）『キッシンジャー回復された世界平和』原書房、2009年を参照されたい。最後に、英語で古典的リアリズムの文献に挑戦したいという方には、値段が高いがColin Elman and Michael Jensen (eds.), *Realism Reader*, New York: Routledge, 2014をお薦めする。古典的リアリズムから最新のリアリズムの考え方が重要文献または論文の抜粋の形でまとめられている。

第4章　構造的リアリズム

第4章
・ウォルツが『国際政治の理論』において提示した理論とはどのようなものであったか
・勢力均衡と脅威の均衡の違いは何か
・バランシングとバンドワゴニングの違いは何か
・ネオ・ネオ論争以降、構造的リアリズムはどのような発展を見せたのか

---

1. 全てはウォルツから始まった

　構造的リアリズムの議論は1979年に刊行されたウォルツの『国際政治の理論』によって始まった。この著作のなかでウォルツは、アナーキーという国際システムが諸国家の行動を規定し、ユニット（アクター）である諸国家間の関係はパワーの配分によって決定するとした（ウォルツ、2010年、105-133頁）。主権国家というユニットの行動よりもアナーキーという秩序原理を国際システムの核に据え、それによって構造が決定し、ユニットの行動もそれに依拠するとしたので、「構造的」リアリズムと呼ばれている。また、理論は簡潔でなければならないと考えるウォルツは、ユニットである主権国家はパワーの配分によってその強弱が分かれるが、機能的には全て同じであり、主権国家の内政にも注意を払わなかった。

　アナーキーとは「無政府状態」のことであり、「無秩序状態」ではない。構造的リアリストたちは、アナーキーを国際関係の諸事象を説明するうえで最も重要な要因と考えている。例えば、ウォルツはアナーキーを秩序原理そのもの

図表4-1　構造的リアリズムの理論的アプローチ

［構造］　　　国際システム（アナーキー）
　　　　　　　　　↓規定
［アクター］　国家間の階層／国家体系（国家間の優劣はパワーの配分によって決定）
　　　　　　　　　↓パワーまたは脅威に基づき行動
［国家の行動］国家の戦略的行動（バランシング／バンドワゴニング）
　　　　　　　　　↓
　　　　　　　システム的結果（生存）

（出所）　筆者作成

とし、アナーキー下でユニットである主権国家が、自らの安全を維持するための「自助を行動原理とする」と説明している（同上書、146頁）。アナーキーを説明する際、ウォルツが引き合いに出したのはジャン・ジャック・ルソー（Jean-Jacques Rousseau）の「鹿狩りの寓話」であった。ウォルツによると、「5人の人間全員がたまたま空腹時に一緒になったとする。それぞれの空腹は1頭の鹿の五分の一によって満たされるので、彼らは1頭の鹿を捕まえる企てに協力することに「合意」する。しかし、それぞれの空腹は1羽のウサギによっても満たされうるため、ウサギが捕まえられる距離に現れると、彼らのうちの1人がそれを捕まえる。その裏切り者は自分の空腹を満たす方法を獲得したことになるが、それによって鹿は逃げてしまう。つまり、彼の目前の利益のほうが、仲間に対する配慮に勝ったのである」（ウォルツ、2013年、156頁）。つまり、アナーキー下においては各国は自分の利益を優先する。しかも、もし眼前の利益（ウサギ）をとらなければ、他の協力者が同様の行動をとる可能性があると考えられるため、皆利益の獲得に動くと仮定された。

　ミアシャイマーは、この点をより明確に「アナーキーである国際システムの構造こそが自国の生き残りを確保したいという欲望を刺激し、国家を侵略的な行動へと駆り立てるのだ」と述べている（ミアシャイマー、100頁）。アナーキーはしばしば国内政治の秩序原理であるハイアラーキーと区別される。ウォルツによると、主権国家は国際政治の秩序原理であるアナーキーに影響を与えるこ

とはできないが、主権国家間は能力配分によってハイアラーキーな関係が成り立つ。

　構造的リアリストが考慮に入れているのが、国際政治の体系である。前述したように、ウォルツに代表される構造的リアリストは、アクターである主権国家はシステム原理としてのアナーキーを変容することは絶対にできないと仮定する。変化するのは各アクターの能力配分であり、それに伴って極性も変化する。この各アクターの能力配分の状況が国際政治の体系である。

図表4-2　戦間期から現在までの国際政治の体系

戦間期：多極体系（3ヵ国以上の大国が存在）
冷戦期：緩やかな双極体系（基本的に2つの超大国が凌ぎを削る）
冷戦構造の発展期（1945-1962年頃）→双極への拘束力が強い
デタント期（1962-1979年）→双極への拘束力が弱い
新冷戦期（1979-1990年前後）→双極への拘束力が強い
ポスト冷戦期①（90〜01年）：単極・多極体系（アメリカといくつかの大国）
ポスト冷戦期②（01〜現在）：単極・多極体系（次第にアメリカの影響力弱まる）

（出所）　Hansen, Huntington, Kaplan, ウォルツ、2010年、ミアシャイマー、滝田を参照し、筆者作成

2.　国際政治体系の変遷

　第一次世界大戦後の戦間期から今日に至るまで、国際政治の体系は単極（一極）、緩やかな双極（二極）、多極、またはこれらが重複した状態のどれかとなっている。戦間期は先進資本主義国であるイギリス、アメリカと、後発資本主義国であるドイツが国際政治上の覇権をめぐる多極体系の時代であった。冷戦期はカプランが定義したことで有名な「緩やかな双極体系」であった（Kaplan, pp.112-115）。これは、アメリカを中心とした西側陣営とソ連を中心とした東側陣営への拘束力が強いシステムであった。第二次世界大戦後に独立を達成したアジアとアフリカの諸国家が第三世界を形成したことで完全な二局化ではなくなったので「緩やかな」という表現が加えられた。西側と東側の同盟諸国にとっ

て脅威認識が高かった冷戦構造の発展期と新冷戦期は、アメリカとソ連への拘束力が強く、逆に脅威認識が緩んだデタント期は拘束力が弱かった。冷戦構造が崩壊した後は、唯一残ったアメリカという超大国による単極体系と、多くの大国が国際政治上で覇権を目指す多極体系が入り混じった体系となった。2001年のアメリカ同時多発テロ（以下、9・11）以前は、アメリカの単極体系の様相が濃かったが、9・11以後、特にイラク戦争後は中東地域を中心にアメリカの超大国としての正当性に陰りが見え始めた。それにより、多極的な特徴が色濃い体系となっている。

　それでは、多極、緩やかな双極、単極の特徴はどのようなものだろうか。多極体系下での各国の行動パターンに関して、ミアシャイマーは、①各国が大国の行動に拘束されにくい、②各国が国益を優先した行動を起こしやすい、③各国がバランスを取りにくくなる、④各国の行動を拘束するルールや制度が重要となる、という4点を特徴として論じており、ルールや制度が強固でない場合、国際政治は不安定化すると主張した（ミアシャイマー、449-457頁）。一方、緩やかな双極体系化での行動パターンに関して、ウォルツはその特徴を、各国が大国の行動に拘束されやすい、対立する大国間同士が熱戦にならないよう配慮する、各国は2つの陣営に分かれ、勢力均衡がとりやすい（不確実性が少ない）という3点にまとめ、双極体系は国際政治に安定をもたらすと主張した（ウォルツ、2010年、213-255頁）。ポスト冷戦期の単極・多極体系は単極体系と多極体系の両方の特徴が見られる。多極体系が上述したように国際政治を不安定化させるのに対し、単極体系は双極体系と同様、国際政治を安定化させると説明される。また、サミュエル・ハンチントン（Samuel Huntington）は、1つの超大国といくつかの大国が存在し、地域大国が当該地域において自由に行動できる、単極と多極の混合体系を主張した（Huntington, pp.35-49）。

3．「脅威の均衡」による国家行動の説明

　スティーヴン・ウォルト（Stephen Walt）はバランシングを「脅威となって

いる国家からの攻撃を抑止するため、また脅威となっている国家を倒すため、そうした国家へ対抗するために団結する行動」と定義している（Walt, 1988, p.278）。同盟の起源に関して、ウォルトが提唱した「脅威の均衡」と、ウォルツが提唱したアナーキー下で諸国家が通常採ると考えられてきた「勢力均衡（パワーへの均衡）」との違いは、次の3点である。第1に、同盟の対象である。「勢力均衡」は、「国際政治上で最も強い国家」に対して実施されるが、「脅威の均衡」は「当該国家が最も脅威と考える国家」に対して実施される。第2に、同盟または協力する国家に関する違いがあげられる。「勢力均衡」が「当該国家よりも弱い国家と協力する」と説明されるのに対し、「脅威の均衡」は「当該国家よりも強い国家と協力する」とされる（Ibid., p. 280）。第3に、行動の源泉に関して、「勢力均衡」は国家の総合的な能力（aggregate power）の優劣のみを行動の源泉としているのに対し、「脅威の均衡」は総合的な能力の優劣に加えて、地理的近接性（geographic proximity）、攻撃能力（offensive capabilities）、好戦的な意図（aggressive intentions）によって行動が決定するとされる（Walt, 1987, pp.21-26）。

　ウォルトが提示した脅威の源泉に関して、もう少し詳しく見ていきたい。総合的な能力とは、人口、軍事力、経済力、技術的優越性の総和とされる（Ibid., pp.21-22）。他の条件が一緒の場合、総合的な能力が高い方がより脅威となる。地理的近接性とは、諸国家は通常、地理的に遠い諸国家の動きよりも地理的に近い諸国家の動きにより敏感であり、脅威を感じるということである。攻撃能力とは、許容できる費用で諸国家の致命的な利益、主権、領土的一体性を損なわせる能力である。総合的な能力と密接な関係にあり、さまざまな要因によって総合的な能力が攻撃能力に転化する場合がある。好戦的な意図とは、総合的な能力が高くない諸国家であっても、好戦的な意図がある場合、他国は同盟を組みたいという衝動に駆られる。例えば、ヴィルヘルム2世（Wilhelm II）やアドルフ・ヒトラー（Adolf Hitler）が統治したドイツ、ムアンマル・カッザーフィー（Muammar Qadhāfī）政権下のリビアなどが例としてあげられる。このように、ウォルトの「脅威の均衡」は、諸国家が「脅威をどのように認識するか」に力

点が置かれている。

4. バンドワゴニングによる国家行動の説明

　リアリズムが勢力均衡や「脅威の均衡」の基礎となるバランシングとともに想定するもう1つの戦略がバンドワゴニングである。バンドワゴニングに関する最初の指摘は、クインシー・ライト（Quincy Wright）の『戦争の研究』においてだったというのが通説である。ただし、ウォルツによるとバランシングの対概念としてバンドワゴンの使用を提唱したのはスティーヴン・ヴァン・エバラ（Stephen Van Evera）とされる。

　ウォルファーズによると、バンドワゴニングは「いくつかの弱小国が安全を確保するために、完全な服従は避けつつ、かつて友人であった強大な国家の側につく政策」とされる（Wolfers, p.124）。ウォルツもウォルファーズに従い、バンドワゴニングを「どこかの国が勝者と映るようになると、他国が力を獲得することを防ぐために、ほぼ全ての国々がそれまでの同盟を継続するのではなく、勝者に対して勝ち馬に乗ろうとするようになる」（ウォルツ、2010年、166頁）と述べている。2人のリアリズムのパイオニアによると、バンドワゴニングは通常、単極または双極構造において弱小国家によって採られる政策でパワーがその源泉にある。一方でウォルトは、「脅威の均衡」と同様に、バンドワゴニングの起源も脅威に求め、バンドワゴニングの対象は最も脅威となっている国家につく政策、つまり「脅威へのバンドワゴニング」にも言及した（Walt, 1987, pp.21-22）。

　バンドワゴニングに関するより詳細な分析は、ランドール・シュウェラー（Randall Schweller）の研究に見られる。シュウェラーは、バンドワゴニングの目的は安全保障と利益の両方から検討するべきであると指摘した。シュウェラーはバンドワゴニングを、利益追求行動に基づき、ジャッカル・バンドワゴニング（Jackal Bandwagoning）と積み重ねバンドワゴニング（Piling Bandwagoning）に分類するとともに、ジャングルの比喩を用いて、国際政治がジャングル、覇権

国をライオン、弱小国を羊、修正主義国家を狼（大国）、ジャッカル（中小国）に重ね合わせた（Schweller, pp.100-104）。シュウェラーの比喩に基づくと、ライオンは彼らの高い能力に基づき、高いコストを払いながらジャングルの平穏を目指し、現状維持志向が強い。一方の狼とジャッカルは利益を得るためにジャングルにおいて現状維持ではなく、修正主義的政策を志向する。ここで2つのバンドワゴニングが生じる。ライオンが築いている現状維持を支持することで利益を得る「積み重ねバンドワゴニング」と、狼が現状を打破した場合にそこに自己の利益を獲得するために群がるジャッカルに見立てた「ジャッカル・バンドワゴニング」である。

　土山實男が提示した表を参考にバランシングとバンドワゴニングによる同盟形成についてまとめると、図表4-3のようになる（土山、291頁）。

　バンドワゴニングに関連して、多極体系における連鎖的行動（Chain gang）と責任転嫁（Buck passing）が構造的リアリストのなかから指摘された。連鎖的行動とは、多極体系において、「ある国家が攻勢に出ると他の国家もその行動に追随する」という戦略である（Christensen and Snyder, pp.140-141）。一方、責任転嫁はシュウェラーによると、「脅威に晒されている国が、脅威と同等かそれ以上の力を持つ、他の諸国が作り上げた同盟によるバランス状態にただ乗りすること」である（シュウェラー、266頁）。ただ乗りの原因は、どの国も同盟の

図表4-3　バランシングとバンドワゴニングによる同盟形成

要因／政策	バランシング	バンドワゴニング
パワー	勢力均衡（パワーへの均衡） ⇒支配的国家に対抗するため、力の弱い側につく ⇒現状維持志向	パワーへのバンドワゴニング ⇒生存確保と利益追求のために力の強い側につく ⇒現状維持／現状打破志向
脅威	脅威への均衡 ⇒最も脅威と考えられる国家に対抗するため、脅威が少なく当該国家よりも強い側につく ⇒現状維持志向	脅威へのバンドワゴニング ⇒生存確保と利益追求のために脅威となっている側につく ⇒現状維持／現状打破志向

（出所）　土山、291頁を参照し、筆者作成

責任をとりたがらない受身の行動を誘発する。なぜなら、どの国も同盟に不必要なコストをかけることを望んでいないためである。また、同盟の最前線に立つ他国と脅威となる国の双方が国力を消耗することで、国際システムにおける自国の相対的地位向上を望んでいるためである。責任転嫁は戦力の過剰な拡大を防ぎたい覇権国もとりうる戦略である。

5. ネオ・ネオ論争

1980年代に構造的リアリズムとネオリベラル制度論の間で、国家間協調をめぐり、論争が展開された。具体的には、コヘインによる構造的リアリズムおよびギルピンの覇権安定論に対する挑戦であった。ギルピンは、覇権国は国際秩序を作り利益を享受するが、一方で秩序維持のためのコストが負担となり、国力が減少、最終的には覇権挑戦国との間で覇権戦争が起こり、覇権が交代すると論じた。それに対し、コヘインは主著である『アフターヘゲモニー』において、1971年8月の金ドル交換停止、いわゆるドルショックによってアメリカの覇権的な力が後退したが、アメリカが構築した制度（IMF・ガット体制）によってアメリカは相対的な力を維持していること、レジームを構築することでアナーキー下でも国家間協調は可能となることと論じた。また、構造的リアリス

図表4-4 ネオ・ネオ論争の論点

理論前提	ネオ・リベラル制度論	構造的リアリズム
国家が主要アクター	肯定（ただし国際制度が主要な役割）	肯定
国家は単一で合理的なアクター	肯定	肯定
アナーキーの影響力	肯定	肯定
国際制度が協調のために果たす役割	肯定	否定
国家間協調の可能性	楽観的	悲観的

（出所） Greico, p.32と櫻田、164頁を参照し、筆者作成

トが絶対的利得よりも他国よりも優位に立ちたいという相対的利得を重視するのに対し、ネオリベラル制度論者の考えでは、国家は専ら自国の絶対的利得を極大化しようと努め、他国の利得に関心は持たないと論じた。

6. その後の構造的リアリズムの発展

　構造的リアリズムは、90年代に入り、攻撃的リアリズム（Offensive Realism）と防御的リアリズム（Defensive Realism）の論争を経験した。攻撃的リアリズムの代表的な論者はミアシャイマーで、アナーキー下において、大国はより良い安全保障を求めて、攻撃的に振る舞うようになるという考え方である。それに対し、防御的リアリズムは、アナーキー下で国家は敵対する国家との間で相互不信が過度に高まる時に限り、攻撃的となるのであり、通常はバランスを保ち、均衡を維持しようとすると主張した。そして、国家の対外政策はアナーキーに基づく場合と国内要因に基づく場合とに分けて考える必要があるとした。ウォルツやウォルトはこの立場をとった。ただし、攻撃的リアリズムは、アナーキー下で同じ圧力を受ける国々が異なった行動をとることが説明できず、一方で防御的リアリズムは理論的一貫性に乏しいという欠点があった。

　防御的リアリズムの考えを精緻化させようとして近年提唱されているのが新古典的リアリズムである。新古典リアリズムとは「構造的リアリズムの国際システムの制約に関する洞察を犠牲にすることなく、対外政策の実施を制約する複雑な国家・社会関係を単純化した形で組み入れた理論であり、基本的には国際システムの状態（相対的なパワーの分布など）を最重要視したうえで、それに対応する国内要因（国内政治構造、指導者の認識、政府の資源動員能力、戦略文化、イデオロギー、ナショナリズムなど）を考慮し、対外政策の決定や戦略的選択（同盟・提携行動、戦争、軍備拡張、模倣、革新など）を従属変数とする」リアリズムの理論である（今野、398頁）。古典的リアリズムや構造的リアリズムが秩序論であり、一般理論を目指していたのに対し、新古典的リアリズムは対外政策分析論であり、理論の一般化と事例の特殊性の折衷案である中範囲理論を目指す

図表 4-5　攻撃的リアリズムと防御的リアリズムの対比

	攻撃的リアリズム	防御的リアリズム
戦争原因	・国際システムの制約 ・現状打破国家の存在	・国際システムの不確実性 ・セキュリィティ・ジレンマの存在 ・国家間のバランスの不均衡
因果関係	・国際システムの制約 ↓ 国家の意図を制限する要因 ↓ 国家によるパワーの追求	・国際システムの不確実性 ↓ システムの不確実を緩和する要因（国内要因・国家間の協調など） ↓ 国家による安全保障の追求
国際システムの制約	強い	必ずしも強くない
国家の目的	相対的パワーの追求	安全保障の追求

（出所）　赤木、今野、30頁を参照し、筆者作成

　ものであった。構造的リアリズムがアナーキーというシステムに焦点を当てるのに対し、アナーキーの影響力を考慮したうえで、それ以前の古典的リアリズムと同じように国家というアクターの重要性に再び光を当てたため、「新」古典的リアリズムと呼称される。

　新古典的リアリズムという用語を最初に使用したギディオン・ローズ（Gideon Rose）は、その特徴を、①対外的な変数（システム）と内政的な変数（アクター）の両方が明確に組み入れられており、各国の対外政策はまず国際システムにおける位置によって影響を受け、その後、各国別の相対的な能力によって決定が下される、②対外政策の選択は政治的リーダーとエリートによって下され、単純な各国の相対的なパワーや能力ではなくいかに政策決定者がそれらを知覚したかに基づく、③理論的な位置として構造的リアリズムとコンストラクティヴィズムの中間に位置する、としている（Rose, pp.150-154）。ただし、どのような内政の要因を用いるかは研究者によってさまざまである。内政の構造や諸国家の資源動員能力だけでなく、政策決定者が内政の動向をどのように認識し、決定するかという個人の要因の両方を含む。

図表4-6　新古典的リアリズムの立ち位置

理論	国際システム観	ユニット観	要因
国内政治理論	重要でない	大変異なる	国内要因
防御的リアリズム	ある程度重要 アナーキー制御可	大変異なる	システム要因 国内要因
新古典的リアリズム	重要 アナーキーあいまい	異なる	システム要因 ↓ 国内要因
攻撃的リアリズム	とても重要 ホッブス的アナーキー観	同じ	システム要因

(出所) Rose, p.154を参照し、筆者作成

●参考文献

- 赤木完爾、今野茂充「冷戦後の国際関係理論（二）」『法学研究』第73巻11号、2000年、25-51頁。
- ケネス・ウォルツ（河野勝、岡垣知子訳）『国際政治の理論』勁草書房、2010年。
- ──（渡邉昭夫、岡垣知子訳）『人間・国家・戦争──国際政治の3つのイメージ』勁草書房、2013年。
- 今野茂充「ネオクラシカル・リアリズムの対外政策理論」『法学研究』第83巻3号、2010年、391-421頁。
- 櫻田大造「国際関係理論における国家間協力の理論──ネオリアリズムを中心に──」『徳島大学社会科学研究』第9号、1996年。
- ジョン・ミアシャイマー（奥山真司訳）『大国政治の悲劇：米中は必ず衝突する』五月書房、2007年。
- 滝田賢治「冷戦概念と現代国際政治史──日米における議論を基礎に」細谷千尋、丸山直起編『ポスト冷戦期の国際政治』有信堂、1993年、2-24頁。
- 土山實男『安全保障の国際政治学：焦りと傲り（第二版）』有斐閣、2014年。
- ランドル・シュウェラー「同盟の概念」船橋洋一編著『同盟の比較研究：冷戦後秩序を求めて』日本評論社、2001年、249-284頁。
- Arnold Wolfers, *Discord and Collaboration: Essays on International Politics*, Baltimore: The Johns Hopkins Press, 1962.
- Birthe Hansen, *Unipolarity and the Middle East*, Richmond: Curzon, 2000.
- Gideon Rose, "Neoclassical Realism and Theories of Foreign Policy", *World Politics*, Vol.51, 1998, pp.144-172.
- Joseph Greico, *Cooperation among Nations: Europe, America, and Non-tariff Barriers to Trade*, New York Cornell University Press, 1990.
- Morton Kaplan, *System and Process in International Politics*, ECPR Press: Colchester, 2005 (Original 1957).

- Randall Schweller, "Bandwagoning for Profit: Bringing the Revisionist State Back In", *International Security*, Vol.19, No.1, 1994, pp.72-107.
- Samuel Huntington, "The Lonely Superpower", *Foreign Affairs*, Vol.78, No.2, 1999, pp.35-49.
- Stephen Walt, *The Origin of Alliances*, Ithaca: Cornell University Press, 1987.
- ——"Testing Theories of Alliance Formation: the Case of South West Asia", *International Organization*, Vol.42, No.2, 1988, pp.275-316.
- Thomas Christensen and Jack Snyder, Chain Gangs and Passed Bucks: Predicting Alliance Patterns in Multipolarity, *International Organization*, Vol.44, No.2, 1990, pp.137-168.

●お薦め文献

　構造的リアリズムはケネス・ウォルツ（河野勝、岡垣知子訳）『国際政治の理論』勁草書房、2010年（原著の出版は1979年）によって確立された。よって、まずはウォルツの著作に目を通すことをお薦めする。『国際政治の理論』の理解を深めるためには、例えば、信夫隆司『国際政治理論の系譜―ウォルツ、コヘイン、ウェントを中心として』信山社、2004年などを適宜参照されたい。また、ウォルツが重視した国際システムを理解するためには『国際政治の理論』以前の著作であり、3つのレベルから戦争について検討したケネス・ウォルツ（渡邉昭夫、岡垣知子訳）『人間・国家・戦争―国際政治の3つのイメージ』勁草書房、2013年にも目を通されるとよい。

　ウォルツの著作を読破された方は次に攻撃的リアリズムの代表的な著作であるジョン・ミアシャイマー（奥山真司訳）『大国政治の悲劇：米中は必ず衝突する（改訂版）』五月書房、2014年、構造的リアリズムの議論を前提としたうえで、冷戦後のアメリカの外交について検討した、スティーヴン・ウォルト（奥山真司訳）『米国世界戦略の核心―世界は「アメリカン・パワー」を制御できるか？』五月書房、2008年やクリストファー・レイン（奥山真司訳）『幻想の平和：1940年から現在までのアメリカの大戦略』五月書房、2011年などに進んで頂きたい。

　英書でのお薦め文献は、「脅威の均衡」を提示しただけでなく、仮説の提示、論理的記述、実証性の観点からしばしば理想の博士論文として参照されるStephen Walt, *The Origin of Alliances*, Ithaca: Cornell University Press, 1987と、新古典的リアリズムについての教科書であり、非常に丁寧にその理解と応用について論じているNorrin Ripsman, Jeffrey Taliaferro, and Steven Lobell, *Neoclassical Realist Theory of International Politics*, New York: Oxford University Press, 2016である。

第5章　リベラリズム

第5章
・リアリズムとリベラリズムの人間観はどのように違うのか
・リベラリズムの持つ4つの側面とは何か。また、各側面でリベラリズムはどのような理論的発展を見せたのか
・構造的リベラリズムとはどのような考えか

1. リベラリズムの前提

　リベラリズムの立場を採る研究者は、リアリズムのように人間の本性を悪と捉えるのではなく、人間の本性を善とし、人間の完成可能性を追求するという啓蒙主義の観点に立つ。そのため、人間は合理主義者で、進歩志向を持ち、協調するという理解に立つ。戦争は人間の本性に由来するものではなく、国内および国際的な政治的取り決めの不完全性に由来すると考える。このように、リアリズムは非歴史性を特徴としていたのに対し、リベラリズムは人間の行動原理は進歩し、変容していくと仮定した。

　前述したようにジャクソンとソーレンセンは、国際政治学におけるリベラリズムを、社会学的リベラリズム、（経済）相互依存的リベラリズム／商業的リベラリズム、制度的リベラリズム、共和的リベラリズムという4つの潮流に分類している（Jackson and Sørensen, pp.96-114）。この分類は非常に有益で本書でも全面的にこの区分を受け入れるが、この4つは別々のものではなく、あくまでリベラリズムが持つ側面の違いである。例えば、カール・ドイッチュ（Karl Deutsch）やコヘイン、ナイの考えは複数のリベラリズムの側面を有している。

2. 社会学的側面

　リベラリズムは、特に主権国家だけでなく国際機構、NGO、知識人共同体などを含め、多様なアクター間の多様な関係性に注目する。この動きは後述する相互依存的側面とも補完しあう。リアリストは主権国家を唯一のアクターと見なしているが、リベラリズムでは、アクターは多様（多元的）であると理解される。主権国家以外にも、その上位アクターとして地域機構や国際機構、下位アクターとして多国籍企業、NGO、知識人共同体、市民団体、テロ組織、個人などが現在の国際政治に影響を与えるようになってきた。特にインターネットとソーシャル・ネットワーク・サーヴィス（SNS）が普及した2000年代は、個人の国際政治における役割が飛躍的に増大している。その一方で、リベラリズムも主権国家の役割は重要視しており、例えば、ローズノーは、非国家主体は主権国家の役割を補完するものであると指摘している。

　多様な関係という点に関して、ドイッチュは人々の交流が増大すると、相互理解が深まり、異なった国家間の人々の間に信頼関係が構築され、ナショナリズムや主権国家の枠組みの重要性が低下、主権国家間で戦争の危険性が取り払われる状態（安全保障共同体）が出現すると論じた。ドイッチュの考えは相互依存および共和主義のリベラリズムの側面も色濃いが、その出発地点は人々という非国家主体の間の主権国家の枠組みを超えた関係にある。リアリストが想定する世界の見取り図である、主権国家は堅い殻に覆われ、衝突すると反発しあう、いわゆるビリヤード・モデルではなく、ジョン・バートン（John Burton）が指摘した主権国家および非国家主体が重層的に関係を構築する蜘蛛の巣・モデルをリベラリストは想定する。もちろん、その関係性はローズノーのリンケージの概念に代表されるように、国内政治にも浸透し、影響を与えるものであった。

　コヘインとナイは1972年に編著で『トランスナショナルな関係と世界政治』を出しており、そこでリアリズムの国家中心および安全保障中心の姿勢に対抗

し、非国家主体の国境を越える活動と非政治分野での活動を紹介している。トランスナショナルな交流は、①各アクター間での制度や政策の自由化→②交流量の拡大→③各アクター間の内政の密接化という3段階が想定され（山本、1989年、61-62頁）、③の段階に至り、相互依存関係が浸透したと言える状態となる。コヘインとナイはこの議論を複合的相互依存に昇華させていくことになる。

1990年代になり、トーマス・リッセ（Thomas Risse）を中心にトランスナショナルな関係が再提起された。コヘインとナイが主権国家以外の主体として多国籍企業を念頭に置いていたのに対し、リッセはNGOを中心としたトランスナショナルな関係を重視した。

3. 相互依存的側面

相互依存的側面は、国際政治のアクターが安全保障だけではなく、経済も国益の重要な要素と考えており、各アクターが経済的な相互依存関係を深めることに注目する。相互依存関係の源流はアダム・スミス（Adam Smith）、デーヴィッド・リカード（David Ricardo）、リチャード・コブデン（Richard Cobden）、ジョン・ブライト（John Bright）など自由貿易を推進した思想家たちである。第一次世界大戦期に、相互依存の理論を体系的にまとめたのが、エンジェルの『大いなる幻想』であった。

リベラリズムの相互依存的側面に注目が集まったのが、1970年代である。この時代は現実の国際政治で大きな変化が起こった。まず、国際政治上で多国籍企業が有力なアクターとして台頭してきた。さらに、それまで安全保障をハイ・ポリティックスと呼ぶのに対して、重要性が低いためにロー・ポリティックスと呼ばれていた経済分野のあり方が石油危機の発生で大きくクローズアップされた。また、アメリカとソ連の冷戦がデタントを迎え、政治的にも国家間の相互依存を後押しする動きが見られた。こうしたなかでリチャード・クーパー（Richard Cooper）、エドワード・モース（Edward Morse）といった学者たち

が、経済的な相互依存が先進国間で進み、それによって各国の政策や行動が左右されること、相互依存の世界では武力行使が有効な手段でなくなることを指摘するようになった。

一方、リアリストも相互依存について自説を展開した。例えば、ウォルツは相互依存が高まると、接触が緊密になるため紛争の可能性が高まると主張した。また、相互依存関係は国際システムの構造（アナーキー）を変容させていないと説明する。なぜなら相互依存はあくまで主権国家間の関係を対象としており、国際システムへの考察を含んでいないためだとウォルツは論じた。

こうしたなか、相互依存のリベラリズムを本格的に体系化したのが1977年に出版されたコヘインとナイの『パワーと相互依存』であった。国際政治における相互依存関係とはコヘインとナイによると、「国家間、あるいは異なった国々のアクターの間の相互作用によって特徴づけられる状態」を意味する（コヘイン／ナイ、10頁）。コヘインとナイは、①主権国家、多国籍企業、国際機構など多数のアクター間での公式・非公式の国境を越えた結びつき、②安全保障をハイ・ポリティックス、経済をロー・ポリティックスと区別するイシュー間の階層性の無意味化、③パワーとしての軍事力の役割低下、を特徴とする「複合的相互依存」関係を示した（コヘイン／ナイ、32-38頁）。言い換えれば、この関係は、トランスナショナルな交流の増大と、各アクター間の内政の密接化により、国家が経済分野において保護主義を撤廃し、他国との協調の可能性を探る行動様式が期待されるものであった（山本、1989年、66-67頁）。

コヘインとナイは「複合的相互依存」関係が成り立つ世界において生じる2つの状態として、「敏感性」と「脆弱性」という概念を提示した（コヘイン／ナイ、14-21頁）。「敏感性」とは、アクター間で通常の交流が行われている状態で、あるアクターの経済的な変化が他のアクターに与える影響のことである（山本、1989年、112頁）。「脆弱性」とは、相互依存関係が切断された時に被る被害の大きさ、つまり依存の度合いと代替措置の有無である（同上書、110頁）。相互依存関係が深化した世界で、アクターは自身の脆弱性を低下させるとともに、相手の脆弱性を高めることを目指す。ウォルツはコヘインとナイの脆弱性に対

図表5-1　リアリズムと複合的相互依存関係が描く政治過程の前提

	リアリズム	複合的相互依存関係
アクターの目標	軍事安全保障が圧倒的に重要な目標である。	国家目標は、問題領域により異なる。トランスガバメンタルな政治によって国家目標を定義することが難しくなっている。トランスナショナルなアクターは自己利益を追求する。
国家の政策を実現する手段	軍事力が最も効果的であるが、しかし経済力やその他の手段も使われる。	問題領域に特徴的なパワーの源泉が最も適切であろう。相互依存関係の操作、国際組織、トランスナショナルなアクターが最も主要な手段であろう。
アジェンダ形成	パワー・バランスが変化する可能性と安全保障に対する脅威が、ハイポリティックスのアジェンダを設定し、他のアジェンダにも強く影響を与えよう。	問題領域内部のパワーの源泉—国際レジームの地位、トランスナショナルなアクターの重要性の変化、他のイシューからもたらされたリンケージ、敏感性に基づく相互依存関係が高まる結果生じる政治化—が配分される仕方が変化することによってアジェンダは影響を受けるだろう。
イシュー間のリンケージ	リンケージは問題領域の間で生じる結果の違いを減少させ、国際的階層構造を強化する。	軍事力は（政策実現のためには）非効率であるので、強大な国家によるリンケージは形成するのが難しいだろう。国際組織を通じて弱小国が行うリンケージは、国際的階層構造を強化するよりも侵食していくだろう。
国際組織の役割	国際組織の役割は小さく、国家のパワーと軍事力の重要性によって限定される。	国際組織はアジェンダを設定し、連合形成を誘発し、弱小国による政治行動の場として機能する。あるイシューのため、国際組織にフォーラムを作ったり、（自分たちに有利な）投票行動を促す能力は重要な政治的源泉であろう。

（出所）　コヘイン／ナイ、48頁

し、大国は相互依存の制約は受けるが、幅広い選択肢を持っているので脆弱性は低いことを指摘し、結局のところ脆弱性の強弱は国力の差に由来しているにすぎないと批判した。

コヘインとナイは、相互依存の深化を受け、それを管理する手立てとして国際レジームに言及した。国際レジームとは、ある特定の問題領域におけるルールの束である。このレジームに関する考えは、相互依存的側面と制度的側面を架橋するものであり、相互依存関係が深まると、それだけ制度の構築も急務となる。いわば、相互依存と制度はコインの表と裏と言ってよい関係である。70年代に相互依存関係が強調され、80年代にはそれを管理するレジームや制度の議論が大きく発展した（この点の詳細は4．制度的側面で説明）。

1986年にはリチャード・ローズクランス（Richard Rosecrance）が『貿易国家の台頭（邦訳題名は『新貿易国家論』）』を著し、相互依存が高まる世界では「貿易国家」がより重要になると提起した。「貿易国家」とは、ローズクランスによって提示された概念で、国家間の機能的違いを背景に「自国の置かれた立場と国内の資源配分状況を、国際的な相互依存の枠組みのなかで改善していこうとする」国家のことを指す（ローズクランス、35頁）。自国の安全保障を重視する軍事力に基づくリアリズムの世界観に対して、貿易国家の世界観は相互依存の世界において貿易を通して自国と他国の両方の国益を実現するものとされる。そして、国際社会における地位向上の方法として、リアリズムが領土の獲得を想定するのに対し、貿易国家は自国の経済開発と貿易を通して、それを達成するとローズクランスは主張する（同上書、59頁）。各国は両方の戦略を追求するが、歴史上この両方の戦略を長期間両立した国家は存在せず、必ずどちらかの戦略に軸足を置くとされ、相互依存が深まる世界では、貿易国家が優勢となると主張した。

相互依存の議論は冷戦体制崩壊後、「現代」グローバリゼーションが進展したことで、新たな展開を迎える。グローバリゼーションとは多様な現象または過程を表す概念であるが、冷戦後の「現代」グローバリゼーションは、①世界規模で人・物・金・情報・文化・アイディアが自由に行き来し、それによってさまざまな社会的現象が生じることまたはその過程、②地球規模で社会の結びつきが強化され、相互依存性が高まる現象またはその過程、③世界が縮小し、世界が1つであることが認識される現象またはその過程、と定義され

る（Holton, pp.14-15）。わざわざグローバリゼーションに「現代」と付したのは、グローバリゼーションは歴史的に存在もしくは継続しているとする議論もあるためである。例えば、世界史そのものがグローバリゼーションだったとする見方、資本主義の歴史がグローバリゼーションであるとする見方、19世紀のパクス・ブリタニカの時代のグローバリゼーションは「現代」グローバリゼーションよりも相互依存関係が進んでいたとする見方などがある。また、コヘインやナイは「現代」グローバリゼーションの始まった時期を冷戦体制崩壊後ではなく、1970年代とし、複合的相互依存関係とグローバリゼーションを同一視する立場に立っている。

　グローバリゼーションをどのように捉えるかという概念化に関してもいくつかの類型があり、例えば、アンソニー・マッグルー（Anthony McGrew）は「4つの陣営」に分類している（McGrew, pp.35-42）。第1の陣営は、グローバリゼーション擁護派であり、この陣営はさらにインターネットを中心とした技術発展が膨大な人・物・金・情報の自由で安価な移動を可能にし、主権国家はその有効性を失いつつあると主張する自由主義者と、現代グローバリゼーションは規模や量において以前の相互依存現象とは異なる大規模かつ迅速なものであり、その影響は経済・政治・文化・軍事などの諸側面に及び、変容を引き起こしていると主張する変容主義者に分けられる。自由主義者はグローバリゼーションの継続性、変容主義者は「現代」グローバリゼーションの特殊性を強調するが、両者とも「現代」グローバリゼーションを擁護する。第2の陣営は、アンチ・「現代」グローバリゼーションの視点で、グローバリゼーションの有効性はアメリカ同時多発テロ後に薄れてきていると主張する。ここには、「現代」グローバリゼーションはグローバリゼーションの歴史的過程の一側面で特殊性があるわけではなく、主権国家が依然として有効な主体であるという懐疑主義者の主張が背景にある。第3の陣営は、批判的グローバリゼーションの視点でグローバリゼーションが社会的変容をもたらしていると論じる点で変容主義者だが、ロバート・コックス（Robert Cox）などのヨーク学派の批判理論（第7章　批判理論を参照）を背景に国家以外の社会の諸勢力、特にそのイデオ

ロギー生産や抵抗運動に焦点を当てる（ミッテルマン、66-68頁）。とりわけ、グローバリゼーションによって世界大に拡散した新自由主義が新たな世界の階層化をもたらしたと批判する。第4の陣営は、グローカリズムの視点でグローバリゼーションとそれぞれの地域のローカルなものとの関係に焦点を当てる。グローバリゼーションはアメリカのような超大国からアフガニスタンのような破綻国家に至るまで国内社会に影響を及ぼすが、一方で各国や各地域の経済・政治・文化は独自性を有している。グローバリゼーションとローカルな独自性との関係は概して、積極的な変容促進、変容への抵抗、既存の枠組みと変容のハイブリッドという3つに識別できるが、グローカリズムは特にハイブリッドの側面に焦点を当てる。

現実の政治においてもこの「現代」グローバリゼーションをめぐる動きは擁護派と抵抗派に大別できる。一般的に先進国は擁護派、途上国は抵抗派と見なされるが、先進国のNGOも「現代」グローバリゼーションがもたらす世界の階層化に反対し、抵抗派を支持する場合がある。擁護派の代表的な会議が世界経済フォーラム（通称ダボス会議）であり、抵抗派の代表的な会議が世界社会フォーラムである（毛利、196-215頁）。

4. 制度的側面

リベラリズムは、とりわけ多国間協定、国際機構といった制度に着目し、こうした制度、さらに組織が主権国家間の協調を促進すると考える。こうした協調行動がアクター間の信頼を高め、アナーキー下で安定した関係を構築できるとされる。こうした制度や組織を重視する考えは、思想史的にはイマニュエル・カント（Immanuel Kant）の『永久平和のために』の3つの確定条項のなかに国際機構の構築が含まれていたことにその源流を求めることができる。とはいえ、リベラリズムの制度的側面に関する動きが本格化するのは19世紀からである。まずは1815年に国際河川委員会、次いで1865年に国際電信連合、1874年に万国郵便連合の発足を皮切りに多くの専門的な国際機構が構築され始め

た。国際制度論がとりわけ注目を浴びたのは第一次世界大戦中、およびその後の時期である。初めて制度的リベラリズムを体系的に論じたのがレナード・ウルフ（Leonard Woolf）である。ウルフは1916年に『国際統治論』を執筆し、その後、アメリカ大統領のウッドロー・ウィルソンを中心に構想される国際連盟（League of Nations）に大きな影響を与えた（ウィルソン、152-153頁）。ウルフが主張した国際政府の概念は非常に広義で、その形態は、①大国主導の国際政府、②裁判所としての国際政府、③コスモポリタン的国際政府に大別できる（同上論文、142-151頁）。コスモポリタン的国際政府はさらに、①国際電信連合や万国郵便連合のような諸国家を主体とした団体、②主権国家以外の団体や個人からなる非公式な会議や団体、③労働組合や職業団体といった国家を超えた共通の利害を持つ団体、④多国籍企業によるカルテルや同盟、に区分される（同上論文、149-150頁）。ウルフは1940年にはカーによる理想主義者への批判に反論する『平和のための戦争』を著して、改めて国際政府の重要性を強調した（城山、24頁）。しかし、ピーター・ウィルソン（Peter Willson）が論じているように、ウルフはカーが標的にしたユートピアニストの典型であり、客観的な分析よりも自身が信奉する理想を追求した（ウィルソン、163-166頁）。

　より客観的かつ実践的な機構論を展開したのがデイヴィッド・ミトラニー（David Mitrany）であった。国際政治理論として機能主義を発展させたのは、ミトラニーである。ミトラニーはその著書『機能する平和システム』において、政治的機構と非政治的機構を区別した。そして、「非政治的分野（ロー・ポリティックス）における協力の発展が、平和的変革の基礎になる」として、以下のように論じた。「機能主義アプローチは、共通の要求指数が強調される。大変多くの要求が国境を横断する。かなり多くの要求が普遍的なものであるため、利益に基づく国際共同体を構築するためには、そうした共通の要求を扱うための共同機関を設立することが効果的である」（Mitrany, p.159）。このようにミトラニーは、平和的な変革は国民という枠組みに囚(とら)われない国際機構が共通の要求を集結させることによって達成されると考えた。また、ミトラニーは、国際機構を通じた平和的な変革への段階も提示した（*Ibid.*, pp.73-75）。第1段階

は、技術的または機能的な目的に関していくつかのグループが協調する段階である。第2段階は、機能的な機関のいくつかのグループが協調する段階である。第3段階は機能的な機関のための国際的な計画の段階である。そして、第4段階は、政治的権威が国際的な計画に沿って、機能的な機関を操作する段階である。ミトラニーは協調行動により、戦争の誘引である国益の追求を放棄させることを目指した（木下、42頁）。

　ミトラニーの機能主義に対して、欧州石炭鉄鋼共同体（ECSC）と欧州経済共同体（EEC）といった具体的な欧州統合の研究で「新機能主義」の旗手となったエルンスト・ハース（Ernst Haas）は、1958年に上梓した『ヨーロッパの統一』で、非政治分野であるロー・ポリティックスで共有された政策イニシアティヴがより政治的な、つまりハイ・ポリティックスに関係する分野へと波及（スピルオーバー）すると提唱した。そのなかで、アクターが忠誠心を主権国家から超国家機構に移すことで波及が進む（政治的スピルオーバー）と仮定された（ディーズ／ヴィーナー、12頁）。

　ドイッチュの安全保障共同体の概念は、統合論の系譜においてミトラニーの機能主義、ハースの新機能主義と並ぶ金字塔であると同時に、その後民主的平和論の中心人物となるブルース・ラセット（Bruce Russett）などの共和的な側面を重視したリベラリストにも大きな影響を与えた。ドイッチュは1957年に著した『政治共同体と北大西洋地域：歴史的経験から見た国際機構』において、安全保障共同体を「ある領域において、共同体意識、（統治）機構、力強い実行力、人々の間で長期に亘る平和的変革への期待感が十分に浸透すること、という4点を実現することによって統合を達成した人々の集団」と定義した（Deutsch et al., p.5）。ドイッチュによると、共同体意識とは「少なくとも共通の社会問題は平和的変革によって解決されなければならないし、解決することが可能であるという点に同意しているある集団内の諸個人の信条」であり、平和的変革とは「通常、大規模な物理的な力の行使によらず、組織化された手続きによって社会問題が解決されること」である（*Ibid.*）。

　共同体のメンバーが物理的な力ではなく、平和的な方法で問題を解決すると

定義された安全保障共同体を、ドイッチュはその統合の形態から「併合型安全保障共同体」と「多元型安全保障共同体」の２つに区別している。併合型安全保障共同体は「それ以前は独立していた２つまたはそれ以上の政治ユニットがより大きな政治ユニットへ公的に併合されることであり、併合後も各ユニットは個々の政府の法的独立性を維持することができる」と定義されるのに対し、多元型安全保障共同体は「２つまたはそれ以上の政治ユニットがそれぞれの政府を残したまま共通の統治を行なう」と定義されている（*Ibid.*, p.6）。そして併合型にしても多元型にしても安全保障共同体を構築すること、すなわち戦争の可能性を排除することが成功であり、分離または内戦の勃発が失敗であるとされた。ただし、ドイッチュは多元的安全保障共同体に関して、価値の融和性、コミュニケーションの親密化、参加国同士の行動の予測性が重要であると述べたが、具体的なプロセスは明確に提示しなかった。

　1980年代にはコヘインを中心に、レジーム論に端を発するネオリベラル制度論が体系化された。ネオリベラル制度論において核となる国際制度に関して、コヘインは「国家間において協議の場を設け、各国が互いに情報を提供、交換し合い、協議、交渉を重ねることで、政策調整の促進といった機能を果たし、国家間の協力を促進する」と定義している（コヘイン、４頁）。制度とは言っても中心となるのはレジームである。繰り返しになるが、コヘインとナイはレジームをある特定の問題領域におけるルールの束と定義している。大芝亮は最もよく用いられるステファン・クラズナー（Stephen Krasner）のレジームの定義を咀嚼したうえで、その特徴を、①イシュー・エリア別に成立する、②原理・原則に基づき、ルール・手続きも重視する、③ルールは明示的・暗示的、あるいはその両方の場合がある、④対応するアクターもレジームの取り決めに従って行動すると期待される、と要約している（大芝、162-163頁）。国際的なレジームは通商、金融、環境、安全保障といったさまざまな分野で見られる現象である。また、レジームはその形成過程にもいくつかのバリエーションがある。例えば、大八木時広はその形成過程を４つに分類している（大八木、139-141頁）。それらは、①各国の合理的選択（便益とコストに関する合理的な計算）に

よってレジームが形成される、②覇権国のリーダーシップによってレジームが形成される、③アイディアと行動力を兼ね備えたアクター（主権国家および非国家主体）が主権国家に対して働きかけを行なうことによってレジームが形成される、④専門家集団である知識人共同体が主権国家に対して働きかけを行なうことによってレジームが形成される、というものである。

　ネオリベラル制度論は、その後、グローバル・ガバナンスの議論へと発展する。この背景には、冷戦後の世界でグローバリゼーションが進展し、さまざまな問題が複合的に生じ、どのようにそうした事態に対応するかが問題となったことがあげられる。国際レジームが単一のイシューの分析に向いているのに対し、グローバル・ガバナンスは広範囲のイシューを扱うより多様なレベル（グローバル・リージョナル・ナショナル・ローカル）、多様なアクター（個人、NGO、主権国家、地域機構、国際機構）を含む概念である（大芝、145頁；山本、2008年、168-173頁）。山本は、アクター、方法、イシュー・エリアの次元でレジームを拡張しようとする動きを「レジームのガバナンス化」と呼んでいる（山本、同上書、172-173頁）。

5. 共和的側面

　リベラリズムの共和的側面は、民主主義が他の政治形態よりも平和的で法に則っているという考えである。この考えの源流としてしばしば指摘されるのが制度的側面同様にカントの『永久平和のために』である。この本のなかでカントは、国際法・国際機構・国際会議による信頼醸成、経済的相互依存に加えて共和制（民主主義体制）の確立を平和の確定条項として指摘した。民主主義と平和の関係が国際関係で本格的に取り扱われるようになったのは、80年代はじめにマイケル・ドイル（Michael Doyle）がカントの重要性を指摘してからである（英国学派ではこれ以前からカントの重要性は指摘されていたが、アメリカの諸理論のなかでカントが扱われるようになったのがこの時期である）。民主主義の平和的志向を証明するために、ラセットは「民主主義国間同士は戦争を行なわない」と

いう2国間（ダイアッド）の関係に焦点を当てた問いを立て、それを実証しようとした。こうした考えは、民主的平和論と呼ばれるようになった。多胡淳は、民主的平和論を、①国内で民主的な政治が展開されており、そうした規範が国際関係でも有益であるとする見方、②民主主義国では議会や憲法などの制度が発達しており、戦争が抑止されるという見方、③民主主義国の指導者は敗戦で国民からの支持を失うことを危惧し、無用な戦争に加担しないとする見方に類型化している（多胡、121-122頁）。民主的平和論はリベラリズムの理論のなかでも特に計量分析が発展している分野である。一方で、民主的平和論には多くの批判も存在する。例えば、事例として民主主義国同士の戦争は少ないという点である。その意味では、民主主義国と非民主主義国間の戦争、内戦といった国際政治上で事例の多い戦争は分析の対象とはなっていない。また、民主主義国間で戦争が少ないというのは、民主主義国間で相互依存関係が深まっているためであり、戦争の少なさを分析するだけでは事足りないという批判もある。ラセットはこうした批判を受け、その後、民主主義だけではなく、経済的相互依存、国際機構への参加を考慮したリベラル・ピース論を展開した（大芝、122頁）。

　民主的平和論はビル・クリントン（Bill Clinton）政権やジョージ・ブッシュ（George Bush）Jr. 政権に影響を与えたと言われているが、大芝が指摘しているように、クリントン政権の民主化支援と民主的平和論は直接的な関係はない（同上書、163-164頁）。ただし、民主的平和論が時流に乗っていたと言うことはできる。冷戦体制崩壊直後にフランシス・フクヤマ（Francis Fukuyama）が、アメリカはソ連とのイデオロギー闘争に勝利し、自由民主主義は競争相手を持たない普遍的なイデオロギーになったという意味で『歴史の終わり』を著したが、世界では逆に内戦が多発するようになった。自由民主主義を掲げ、唯一の超大国となったアメリカがこうした状況において、民主主義を前面に押し出した外交政策を展開することは自明であった。

6. 構造的リベラリズム

　ジョン・アイケンベリー（John Ikenberry）は、構造的リアリズムの有用性を受け入れつつ、構造的リアリズムと既存のリベラリズムの欠点を補う構造的リベラリズムを提唱した（アイケンベリー、162-190頁）。アイケンベリーによると、その特徴は、①互いを制約する制度でそれぞれを拘束することによって結びついている（特に安全保障面）、②アメリカの覇権は「合意」に基づくものであり、協調的で民主的な性格を持つ、③アメリカの重要な同盟国である日本とドイツは、第二次世界大戦の敗戦に基づき、国力が増加しても極めて自制的に行動している、④資本主義経済や国際レジームの広がりによる経済的開放性、⑤先進国の市民間で共通のアイデンティティーが存在し、共通の規範や文化を共有していること、を指摘している。アイケンベリーの指摘は、ウォルツの構造的リアリズムのような一般化を目指したわけではなく、なぜ西側諸国においてリベラリズムが浸透しているのかを事例を交え、構造的に説明したものである。また、アイケンベリーはアメリカの役割を常に重視しており、別の見方をすれば、覇権安定論の亜種とも言える説明である。とはいえ、ジョン・ラギー（John Ruggi）が指摘したように、第二次世界大戦後にアメリカが進めた多角的な自由化の原則と西側諸国内の福祉国家化の進展の両立という「埋め込まれた自由主義」はアメリカの覇権を確固たるものとしただけではなく、アメリカへの積極的な同意を促した（ラギー、171-242頁）。アイケンベリーの見方は、本章で論じてきたリベラリズムの4つの側面全てが活かされており、秀逸な現状分析と言える。

●参考文献
・大芝亮『国際政治理論：パズル・概念・解釈』ミネルヴァ書房、2016年。
・大八木時広「国際レジーム論とグローバル・ガバナンス論」佐渡友哲、信夫隆司編『国際関係論〔第2版〕』弘文堂、2016年、137-152頁。
・木下郁夫「ミトラニーの機能主義国際機構論―知識政治学からの分析」『早稲田政治

公法研究』第59号、1998年、35-56頁。
・城山英明『国際行政論』有斐閣、2013年。
・ジェームズ・ミッテルマン（奥田和彦、滝田賢治訳）『オルター・グローバリゼーション』新曜社、2008年。
・ジョン・アイケンベリー（細谷雄一監訳）『リベラルな秩序か帝国か：アメリカと世界政治の行方（上）』勁草書房、2012年。
・ジョン・ジェラルド・ラギー（小野塚佳光、前田幸男訳）『平和を勝ち取る』岩波書店、2009年。
・多胡淳「民主的平和論：国際紛争と政治体制」小田川大典、五野井郁夫、高橋良輔編『国際政治哲学』ナカニシヤ出版、2011年、118-151頁。
・トマス・ディーズ／アンツェ・ヴィーナー「総合理論のモザイク状況への招待」アンツェ・ヴィーナー／トマス・ディーズ編（東野篤子訳）『ヨーロッパ統合の理論』勁草書房、2010年、1-33頁。
・ピーター・ウィルソン「レナード・ウルフと国際政府」デーヴィッド・ロング／ピーター・ウィルソン編著（宮本盛太郎、関静雄監訳）『危機の20年と思想家たち―戦間期理想主義の再評価』ミネルヴァ書房、2002年、137-177頁。
・毛利聡子『NGOから見る国際関係』法律文化社、2011年。
・山本吉宣『国際的相互依存』東京大学出版会、1989年。
・――『国際レジームとガバナンス』有斐閣、2008年。
・リチャード・ローズクランス（土屋政雄訳）『新貿易国家論』中央公論社、1987年。
・ロバート・コヘイン（石黒馨、小林誠訳）『覇権後の政治経済学』晃洋書房、1998年。
・ロバート・コヘイン／ジョセフ・ナイ（滝田賢治監訳）『パワーと相互依存』ミネルヴァ書房、2012年。
・Anthony McGrew, "Globalization in Hard Times: Contention in the Academy and Beyond" in George Ritzer (ed.), *The Blackwell Companion to Globalization*, Malden: Blackwell Publishing, 2007, pp.29-53.
・David Mitrany, *A Working Peace System*, Chicago: Quadrangle Books, 1966.
・Karl Deutsch et al., *Political Community and the North Atlantic Area: International Organization in the Light of Historical Experience*, New York : Greenwood Press, 1957.
・Robert Holton, *Making Globalization*, New York: Palgrave, 2005.
・Robert Jackson and George Sørensen, *Introduction to International Relations (Sixth edition)*, Oxford: Oxford University Press, 2016.

●お薦め文献

　まず、リベラリズムの基礎的な考えを理解するには、ジョン・グレイ（藤原保信、輪島達郎訳）『自由主義』昭和堂、1991年が役に立つ。リベラリズムはどの国際政治理論の概説書でも必ず扱われている。そのなかでも、大芝亮『国際政治理論：パズル・概念・解釈』ミネルヴァ書房、2016年はリベラリズムに多くの章を割いている。また、押村高

『国際正義の論理』講談社現代新書、2008年はリベラリズムの人間観と国際政治の関係を理解することができる。

　本章で見てきたように、リベラリズムはさまざまな側面に分類することが可能である。質、量ともに最も充実しているのが相互依存的側面と制度的側面である。相互依存的側面に関して、最も包括的なのは山本吉宣『国際的相互依存』東京大学出版会、1989年である。また、相互依存論の古典であるロバート・コヘイン／ジョセフ・ナイ（滝田賢治監訳）『パワーと相互依存』ミネルヴァ書房、2012年とリチャード・ローズクランス（土屋政雄訳）『新貿易国家論』中央公論社、1987年の2冊も必読書と言えよう。2000年代に入り、相互依存論はグローバリゼーションに関する議論と親和性を持つようになった。グローバリゼーションに関しては、さしあたり、マンフレッド・B．スティーガー（櫻井純理、高嶋正晴、櫻井公人訳）『新版 グローバリゼーション』岩波書店、2010年を参照されたい。

　制度的側面において、レジームとグローバル・ガバナンスの議論に関しては山本吉宣『国際レジームとガバナンス』有斐閣、2008年がまとまっている。ロバート・コヘイン（石黒馨、小林誠訳）『覇権後の政治経済学』晃洋書房、1998年はネオリベラル制度論の立場を確立した重要な作品であり、評価が高い作品である。

　社会学的側面に関しては、非国家主体である多国籍企業、NGO、テロ組織、地域機構、国際機構などを個別に扱ったものを参照されたい。グローバリゼーションとの関係から非国家主体を扱ったものとして、やや古いが吉川元編『国際関係論を超えて――トランスナショナル関係論の新次元』山川出版社、2003年がある。

　共和主義的側面に関しては、民主主義国同士は戦争しないというテーゼを論証したブルース・ラセット（鴨武彦訳）『パクス・デモクラティア――冷戦後世界への原理』東京大学出版会、1996年が邦訳されている。しかし、共和主義的側面に関する必読書はやはりカントの『永遠平和のために』であろう。イマヌエル・カント（池内紀訳）『永遠平和のために』集英社、2015年は読みやすい体裁となっている。

　ややアメリカを過大評価する傾向があるものの、1990年代後半から2000年代にかけてリベラリズムの立場から精力的に研究と政策提言を行なっているジョン・アイケンベリーの一連の著作に目を通すと、リベラリズム研究の現在地を図ることができよう。また、リベラリズムの議論を牽引してきたコヘインの論文集、Robert Keohane, *Power and Governance in a Partially Globalized World*, New York: Routledge, 2002は、リベラリズムの議論を俯瞰できるだけでなく、さまざまな論点を提供してくれる。

第6章 マルクス主義

第6章
・弁証法、史的唯物論、生産様式、構造論とは何か
・帝国主義論とはどのような考えか
・従属論、特にラテンアメリカ学派の考えはどのようなものであったか
・世界システム論とはどのような考えか

1. 国際政治学におけるマルクス主義の前提

　マルクス主義とは、言うまでもなくカール・マルクス（Karl Marx）の思想的影響を受けた考えの総称である。政治運動としてのマルクス主義で重要なのは社会主義および共産主義であるが、学問的にはマルクスの方法論および着眼点が重要視される。マルクスの考えのなかで国際政治理論に影響を与えた方法論は、弁証法、史的唯物論、生産様式、構造論である。

　弁証法は過剰に複雑な世界の現象の本質を解明する方法であり、階級分析を通して達成される。国家は自立した能力と利益を有する社会と密接に関わっており、社会は根本的に階級によって定義されるからである。マルクスは、商品生産が中心となる資本主義社会では、人と人との関係が労働およびそれによって生産される物と物との関係に置き換えられることを批判し、資本主義を乗り越えることを志向した。

　史的唯物論は元々、フリードリヒ・ヘーゲル（Friedrich Hegel）がアイディアを対象として発展させた考え方である。それは、あるテーゼがあり、そのテーゼに対抗するアンチテーゼが登場、さらにアンチテーゼを乗り越えるために止

揚の段階に至るという史的発展であった。マルクスは、ヘーゲルとは異なり、生産様式という物質的要素をその中心に据えた（唯物論）。

生産様式とは、生産のための技術・道具・手段という生産諸力と、支配階級と従属階級との間の生産関係という2つの側面から成り立つとされる。マルクス主義では、どのような生産関係においても支配階級は従属階級から利益を搾取すると仮定する。よって、両階級間の利益が一致することはなく、従属階級による支配階級に対する階級闘争は永続的である。全ての生産様式は否定されることが前提であり、革命的行為によって新しい、より発展した生産様式へと移り変わる。マルクスが想定した生産様式の変遷は、原初的共同体、ギリシャ・ローマの共同体、封建制、資本主義、社会主義、共産主義であった。社会主義は共産主義の第1段階とされ、共産主義に至り階級が廃止され、永続的闘争が終わる（歴史の終わり）とされた。

構造論に関してマルクスは、社会の政治的・法的・宗教的・芸術的・哲学的見解およびそれに基づく機構や施設といった上部構造は、社会の経済的構造、つまり生産関係の総和である下部構造を土台とし、その変化と発展に規制されると論じた。上部構造の担い手は資本家、下部構造の担い手はプロレタリアート（労働者）とされた。

2. 帝国主義論

19世紀を通してイギリスはパクス・ブリタニカと呼ばれるほどの軍事力と経済力で世界的な影響力を持った。しかし、一方で海外植民地に代表される「公式」の帝国と、経済的な不平等条約に基づく「非公式」の帝国によって、原料・製品・資本のための市場を獲得しようとした政策、いわゆる帝国主義も同時に展開された。

20世紀初頭、マルクスに影響を受け、資本主義の分析を念頭に置いたジャーナリスト、学者、活動家などが帝国主義の問題点を提示した。まず、ボーア戦争を取材するために南アフリカを訪れたジョン・ホブソン（John Hobson）は帝

国主義に基づく戦争の根本を理解するためには経済分野の資本主義の分析が不可欠と考えた。ホブソンは1902年に『帝国主義論』を発表し、そこで帝国主義の元凶をイギリス国内の富の不平等に求めた。富める者は資本を蓄積し、それが過剰貯蓄、そして過剰投資による過剰生産につながると考えた。一方で貧しいものは消費を控えるようになり、イギリス国内の市場は縮小する。過剰生産と国内市場の縮小は、資本を国外市場へと向かわせることになる。ホブソンはこれを資本主義の「寄生性」と指摘した。この動きを主導したのはロンドン・シティの金融業者であった。ホブソンは帝国主義は必然ではないとし、イギリス国内の消費を増やしたり税制改革などを行なうことで帝国主義的政策を抑制できると主張した。また、ルドルフ・ヒルファーディング（Rudolf Hilferding）は1910年に『金融資本論』を上梓し、そのなかでホブソンが指摘したシティの役割について検証し、産業資本と銀行資本が結びついた金融資本の政治的表現こそ帝国主義であると強調した。

　ホブソンとヒルファーディングによる帝国主義の議論は、いかに帝国主義を解決するかという論争に発展した。ここでは大きく2つの陣営が存在した。まず、カール・カウツキー（Karl Kautsky）は1914年に発表した『帝国主義』のなかで資本主義の帝国主義化は絶対ではなく、西洋列強が平和裏にカルテルを形成することで回避することができると主張した。また、ジョセフ・シュンペーター（Joseph Schumpeter）も資本主義と帝国主義は必ずしも関係しないという立場に立った。一方、ローザ・ルクセンブルク（Rosa Luxemburg）は1913年に刊行した『資本蓄積論』において、産業資本主義の発展には、原材料の供給地と製造した商品の販売先となる非資本主義的環境が不可欠であると論じた。これが帝国主義的政策の実態とされた。最終的に非資本主義的環境が資本主義化し、非資本主義的環境が失われることで資本主義は死滅するとした。ルクセンブルクの考えを批判的に発展させたのが1917年に発表されたウラジミール・レーニン（Vladimir Lenin）の『帝国主義』である。レーニンは資本主義は独占的で寄生性があり、国内において不均等発展を促すと論じた。帝国主義を資本主義の最終段階と捉え、帝国主義を終わらせるには経済を支配できる強い国家

の台頭か不均等に苦しむ人々による革命が必要だとした。

　帝国主義論を展開した論者たちは資本主義という現象を考察し、植民地政策の弊害と不均等発展に注目した点が画期的であった。ただし、帝国主義論者は植民地化された低開発諸国に関する説明はほとんどしていなかった。

3. ラテンアメリカ学派

　マルクス主義的な考えは第二次世界大戦後、今度は世界的な不均等発展の要因およびその構造をどのように克服するかに焦点が当てられるようになっていく。この問題関心は、南北問題の「発見」に基づく。南北問題という言葉は1959年末にイギリスのロイド銀行頭取オリヴァー・フランクス（Oliver Franks）の「先進工業諸国と低開発地域との関係は、南北問題として、（米ソを中心とした）東西対立とともに現代世界が直面する二大問題の１つである」という発言によって広く知られることとなった（西川、10頁）。南北問題は先進国と途上国でその捉え方が異なる（同上書、12-14頁）。南北問題とは、先進国にとっては、低開発諸国の経済状況の悪化が社会革命を招き、西側陣営から離脱することを憂慮する問題である。この憂慮が低開発諸国の近代化、あるいは開発の必要性という議論につながっていった。一方で途上国にとって、南北問題は自国の低開発の原因が先進国にあることを追求する表現であった。後者の途上国が低開発の原因は先進国にあることを追求するうえでマルクス主義が活用された。特に1950年代から70年代にかけて、この議論を牽引したのが「ラテンアメリカ学派（もしくはラテンアメリカ開発学派）」と呼ばれたラテンアメリカの研究者たちであった（カイ、32-34頁）。

　通常、ラテンアメリカ学派の理論は従属論として知られるが、クリストバル・カイ（Cristobal Kay）によるとラテンアメリカ学派は構造学派、国内植民地論、周縁性論、従属論という４つの潮流に分類される。いずれの学派も先進国の途上国に対する搾取と支配の内的・外的メカニズムの解明を目指しており、構造学派と従属論は外的要因、国内植民地論と周縁性論は内的要因に着目して

いる（同上書、32頁）。後者の2つの理論を簡潔に見てみると、国内植民地論は、支配と搾取の関係は先進国と途上国の間のものだけではなく、途上国内部でも同様の現象が見られるという議論である。また、周縁性は職を求めて都市郊外に移り住んだ貧民たちに社会的なサービスが提供されない状況を指摘する。ここではラテンアメリカ学派の中心議論である構造学派と従属論についてもう少し詳しく見ていきたい。

　構造学派の中心となったのは、1947年に立ち上げられ、ラウル・プレビッシュ（Raul Prebisch）が事務局長（2代目）を務めていたECLA（国連ラテンアメリカ経済委員会）であった。先進国は上述したように途上国の近代化、あるいは開発の必要性を訴えたが、そこで前提となっていたのはウォルト・ロストウ（Walt Rostow）の経済発展論に代表される単線的な近代化論であり、また、経済の発展と民主化の進展は相関関係があるとする見方であった。もしくは、経済の新古典派の「国際貿易と外国投資が経済成長を促し、諸国間の経済および生活水準の不均等を是正させる」という見方であった（同上書、21頁）。プレビッシュは『ラテンアメリカ経済報告1949年』において、中心・周辺構造を世に知らしめることに成功した。プレビッシュは、①資本主義に関して、先進国と途上国は一体に結びついている、②中心と周辺の不均等発展は国際貿易を通じて再生産される、ことを主張した。問題視されたのは、周辺諸国は国際分業の下で第一次産品の生産に特化すること（モノカルチャー経済）を強いられ、それによって周辺は中心よりも所得の増大が少なく、成長可能性を制限されるという交易条件であった。国連で働いていたハンス・シンガー（Hans Singer）も同時期に途上国の先進国に対する交易条件の悪化を指摘したため、この問題はプレビッシュ・シンガー命題と呼ばれた。

　プレビッシュはその打開策として、自由貿易ではなく、一定の保護主義の下で途上国が工業製品を作ってそれを輸出する輸入代替工業化を進めなければならないと主張した。しかし、その後、ECLAがこの政策を具体化していくなかで明らかになったのは、交易条件の悪化よりも輸入代替工業化したラテンアメリカ諸国の製品の貿易が拡大しないことだった（同上書、68頁）。

カイは従属論者を改良主義派とマルクス主義派に区分している（同上書、181-183頁）。両者ともに先進国の途上国に対する構造的な問題とその解決を主張するが、改良主義派は途上国の開発、一方でマルクス主義派は社会主義革命をその方法とした。ただし、いずれの従属論者も低開発こそが途上国の資本主義的発展を規定してきたと論じる。もう1つ、従属論者の特徴的な点は、途上国は世界資本主義システムに強制的に組み入れたことで従属状態に陥っており、低開発の原因を探るには世界資本主義システムも検証しなければならないという考えであった（同上書、184-185頁）。従属論者として名を馳せたアンドレ・グンダー・フランク（Andre Gunder Frank）が同時に、世界システム論の論客であるのはこうした問題意識によるものであった。プレビッシュが指摘した中心・周辺構造に、帝国主義論者が指摘した搾取という概念をより明確に取り入れたのが従属論者と言えるだろう。また、フランクは中心・周辺構造（フランクの言葉では中枢・衛星）は二重構造であり、先進国と途上国間、さらに途上国の内部においても中心・周辺構造が成り立っていると指摘した。また、フェルナンド・エンリケ・カルドーゾ（Fernando Henrique Cardoso）とエンゾ・ファレット（Enzo Faletto）は1969年に出版した『ラテンアメリカにおける従属と発展』のなかで、従属は単に外的な変数でなく、途上国がその外的な変数に対してどのように対応するか、つまり外的変数と内的変数の相互作用が重要であると分析した（子安、232頁）。そして、カルドーゾとファレットは、多国籍企業がラテンアメリカ諸国の経済を蹂躙している実態を「新しい従属」と指摘した（同上論文、233-234頁）。

また、ガルトゥングは経済における中心・周辺構造を平和学に援用し、第二次世界大戦後に独立した国々でもいまだに帝国主義の構造的な支配、いわゆる構造的暴力が残存していることを明らかにした。

4. 現実世界の動きと従属論の衰退

ラテンアメリカ学派が低開発の構造と従属を議論した1950年代末から70年代

にかけて、現実の国際政治でも南北問題を解消しようとする動きが活性化した。1961年に国連総会で「国連開発の10年」の決議が採択され、64年に国連貿易開発会議（UNCTAD）が設立され、1964年に第1回目の会合が開かれた。UNCTADの初代議長にはプレビッシュが就任し、第1回目の会合に参加した途上国77ヵ国は77ヵ国グループと呼ばれた。ただし、60年代を通して、途上国への援助は有効な開発政策に結びつかず、先進国と途上国の溝を埋めるために1968年に世界銀行にカナダの元首相、レスター・ピアソン（Lester Pearson）を中心とした専門家委員会が設置され、69年に政府の援助から民間の援助を重視することを提唱した「開発のパートナー」という報告書が刊行された（西川、97-100頁）。

1970年代初頭に石油危機が起こると、1974年5月の国連第6回特別総会で、途上国により「新国際経済秩序（通称NIEO）」が発表された。これは先進国主導の国際経済秩序を変革しようとする意図、そして途上国の天然資源に対する主権性、いわゆる資源ナショナリズムの主張であった。しかし、こうした途上国の動きは、次第に足並みが乱れる。まず、途上国のなかで台湾、シンガポール、香港、韓国など、経済成長に成功した新興工業国（NIES）が台頭した。一方で途上国間で経済格差が拡大する南南問題が発生するなど、第三世界と呼ばれた途上国の一体性は薄まった。

また、経済的な立ち遅れを解消するために途上国が世界銀行や先進国から借りた債務の累積が1980年代以降、大きな問題となった。これは国内経済が脆弱であるにもかかわらず、輸入代替工業化政策から新自由主義経済に転換した国々、どちらかというと最貧国よりも先進国の仲間入りを目指そうとする途上国に見られた傾向であった。さらにこうした国々に拍車をかけたのが累積債務の問題を解決するために国際通貨基金（IMF）と世界銀行によって施行された「ワシントン・コンセンサス」であった。これは、通貨引き下げ、公的規制の緩和、民営化の促進によって民間の活力を利用して外資を呼び込み、債務返済を達成することを目指したが、結果的にさらなる苦境を招いた（佐渡友、178頁）。

こうしたなかで、従属論は新自由主義批判、グローバリゼーション批判と

いった議論に統合されていくこととなった。

5. 世界システム論

　世界システム論の著者として有名なウォーラーステインは元々、西アフリカの研究者であったが同地域の近代化の挫折を見て従属論に傾倒、そのなかから世界システム論が誕生した。マルクス主義的視点から見た世界システム論の特徴は、1国の発展段階および地域的・貧富の差に基づくまとまりではなく、資本主義全体を歴史的に検証しようと試みた点、そして、従属論が中心・周辺という2つの区分だったのに対し、中心・半周辺（準周辺）・周辺という3つの区分に基づき半周辺のキャッチアップ能力を評価した点である。ウォーラーステインは、半周辺を独占の形成と、競争を通じて独占が解体する資本主義蓄積のダイナミズムが現れる場とし、その場に置かれた主体の世界システムにおける上昇や下降に注目した。

　フランスの「アナール学派」、特にフェルナン・ブローデル（Fernand Braudel）に影響を受け、一国史観を否定し、世界全体の分析を視野に入れたウォーラーステインであったが、その分析は次第にヨーロッパ中心主義という批判を受けるようになる（山下、2016年、349–350頁）。ウォーラーステインのヨーロッパ中心史観を強く否定したのは、同じく世界システム論者と見なされていたフランクであった（同上論文、352–353頁）。フランクは『リオリエント』において、ヨーロッパ中心史観を脱するにはウォーラーステインが展開する500年の世界システム分析ではなく、5000年というスパンの世界システムを分析すべきだと主張した。また、ヨーロッパよりも1400年から1800年にかけて、国際決済通貨の機能を果たしていた銀のフローの中心地である中国こそ、近代におけるグローバル経済の中心であると論じた。

　また、ウォーラーステインの盟友であったジョヴァンニ・アリギ（Giovanni Arrighi）は、初期は半周辺の上昇と下降に関する研究を行なっていたが、半周辺とヘゲモニーの関係に焦点を当て、次第に後者を重視するようになった。これ

はウォーラーステインも同様であったが、ウォーラーステインとアリギではヘゲモニーの捉え方が異なっていた。ウォーラーステインはヘゲモニーを経済的な分野における国家の優位に限定し、特定の中核国が同時に生産、商業、金融の3つの次元の全てにおいて、他のあらゆる中核国に対して優位を保っている状態とした。それに対し、アリギはアントニオ・グラムシ（Antonio Gramsci）のヘゲモニーに基づき、権力を資本主義的権力と領土主義的権力との「政治的交換」によって成立する蓄積体制と定義した。グラムシは支配を強制に依拠するものと考え、ヘゲモニーを支配者集団が紛争になる全ての争点を従属集団に対して「争点化しない状態」にする能力を持つことと考えた。こうしたグラムシの考えを援用し、アリギは金融資本の権力、資本主義の権力と領土主義の間の関係、さらには非ヨーロッパ的文脈も含めた資本主義の論理と市場の論理の間の関係といった、いわばウォーラーステインの理論体系において抑圧されてきた論点を主題として捉えた。

＊コラム2　アナール学派

　アナール学派とは、フランスにおいて、政治史や事件史を中心とする歴史学から脱し、社会・経済・集合心性の歴史を研究対象として、学際的な考察によって人間活動の全体を論じることを目指した歴史学派の総称である。歴史学者マルク・ブロック（Marc Bloch）とリュシュアン・フェーブル（Lucien Febvre）が1929年に『社会経済史年報』（アナール誌）を創刊したのが始まりである。『アナール誌』に直接関与した人だけでなく、『アナール誌』の目指した新しい歴史学に賛同し、これに貢献した研究者もその範疇に含む（杉崎、12頁）。第一世代がフェーブルとブロック、第二世代がアナール学派の最も完成度の高い研究書ともいわれる『地中海』を著したブローデル、第三世代が中世の研究で有名なジャック・ル・ゴフ（Jacques Le Goff）、第四世代が『感性の歴史学』などで有名なアラン・コルバン（Alain Corbin）などである（同上論文、12-15頁）。

●参考文献
・クリストバル・カイ（吾郷健二監訳）『ラテンアメリカ従属論の系譜』大村書店、2002年。
・子安昭子「従属論の思想と実践——フェルナンド・エンリケ・カルドーゾ」今井圭子編『ラテンアメリカ——開発の思想』日本経済評論社、2004年、227-244頁。
・佐渡友哲「南北問題をどう解決するのか」佐渡友哲、信夫隆司編『国際関係論〔第2版〕』弘文堂、2016年、173-189頁。
・杉崎泰一郎「アナール派歴史学」木田元編『現代思想フォーカス88』新書館、2001年、12-15頁。
・竹内幸雄「帝国主義・帝国論争の百年史」『社会・経済史学』第80巻第4号、2015年、457-474頁。
・西川潤『南北問題』NHKブックス、1979年。
・松永友有「J. A. ホブソン再評価」『明大商学論叢』第82巻第3号、2000年、61-77頁。
・山下範久「資本主義から市場主義社会へ——『北京のアダム・スミス』に寄せて」ジョヴァンニ・アリギ（中山智香子監訳、山下範久解説）『北京のアダム・スミス』作品社、2011年、589-621頁。
・山下範久「世界システム論」秋田茂他編『「世界史」の世界史』ミネルヴァ書房、2016年、345-367頁。

●お薦め文献
　マルクス主義の国際政治学を論じたものとしては、例えば、フレッド・ハリディ（菊井禮次訳）『国際関係論再考』ミネルヴァ書房、1997年が参考になる。やや専門的になるが、ハリディの弟子である2人、ジャスティン・ローゼンバーグ（渡辺雅男、渡辺景子訳）『市民社会の帝国——近代世界システムの解明』桜井書店、2008年とベンノ・テシィケ（君塚直隆訳）『近代国家体系の形成——ウェストファリアの神話』桜井書店、2008年の著作はマルクス主義的視点からの分析である。また、Andrew Linklator, "Marx and Marxism" in Scott Burchill etc., *Theories of International Relations (Fifth edition)*, New York: Palgrave, 2013はマルクス主義と国際政治学の間の関係がよく理解できる。
　従属論に関しては、亜紀書房から多くの翻訳が出ている。だいぶ古いが、末廣昭『従属論・システム論・接合論』『アジア経済』第27巻、9/10月号、1986年、76-84頁がそれまでに邦語および邦訳された従属論の論文、本をほぼ網羅している。また、クリストバル・カイ（吾郷健二監訳）『ラテンアメリカ従属論の系譜』大村書店、2002年も従属論を体系的に分析している。
　世界システム論に関しては、ウォーラーステインの一連の著作が邦訳されている。まずは世界システム論の基礎概念を押さえるためにイマニュエル・ウォーラーステイン（山下範久訳）『入門・世界システム分析』筑摩書房、2006年あたりから入るのがよいだろう。世界システム論の立場からヨーロッパ史を概観した川北稔『世界システム論講義：ヨーロッパと近代世界』筑摩書房、2016年は実践編と言えるだろう。フェルナン・

ブローデル（金塚貞文訳）『歴史入門』中央公論新社、2009年はコラムで扱った世界システム論の歴史観の基礎となっているアナール学派の歴史観を理解することができる。また、アナール学派に関しては竹岡敬温『アナール学派と社会史』同文館、1990年がまとまっている。ウォーラーステインの考えを理解したうえで、フランク、アリギの著作に進むと世界システム論への理解が深まる。

第7章　批判理論

第7章
- フランクフルト学派の批判理論の特徴はどのようなものであったか
- コックスの批判理論の特徴はどのようなものであったか
- リンクレーターの批判理論の特徴はどのようなものであったか

　アメリカでウォルツの『国際政治の理論』が出版された反響は大きかった。『国際政治の理論』は、経済学を導入したアメリカ流国際関係論の1つの完成形と言える作品であったが、全く逆の国際政治理論の潮流を発展させるきっかけともなった。それが批判理論とポスト・モダンの国際政治理論であった。ポスト・モダンはフーコーの考えの国際政治への導入という重要な役割を果たしたものの、一過性の現象にすぎなかった。それに対し、批判理論は現在に至るまで国際政治理論に影響を及ぼし続けている。国際政治理論における批判理論には、大別して3つの流れが存在する。それらは、コックスに代表されるグラムシの思想を重視するヨーク学派（イタリア学派）の批判理論、リンクレーターに代表されるフランクフルト学派とカントの考えを基盤とする批判理論、そしてケン・ブース（Ken Booth）を代表とし、安全保障の分野に批判理論を導入したウェルシュ学派（ウェールズ学派）である。もちろん、この3つの潮流は部分的にその考えが重なり合っている。いずれの潮流も批判理論を提示したフランクフルト学派を重視している点で共通している。本章では、批判理論の国際政治理論とは何かを考えてみよう。

1. フランクフルト学派の批判理論

　批判理論とは、フランクフルト学派と呼ばれる知識人集団によって発展させられた概念である。フランクフルト学派とは他称であるが、フランクフルトに1923年に創設された「社会研究所」に集まった人々、特に1931年のマックス・ホルクハイマー（Max Horkheimer）の所長就任以後、彼の指導の下で活動した知識人たちの総称である。ホルクハイマー、テオドール・アドルノ（Theodor Adorno）、フリードリヒ・ポロック（Friedrich Pollock）、ヴォルター・ベンヤミン（Walter Benjamin）、ヘルベルト・マルクーゼ（Herbert Marcuse）、エーリヒ・フロム（Erich Fromm）などが第一世代であり、ユルゲン・ハーバーマス（Jurgen Habermas,）、アルフレッド・シュミット（Alfred Schmidt）などが第二世代である。フランクフルト学派の第一世代は、第一次世界大戦の経験を受け、西洋の文化と文明の衰退という危機意識と、マルクス主義に基づく革命の期待という２つの論点を共有していた（細見、9頁）。また、第一世代の学者はほとんどがユダヤ人であった。一方で第二世代の中心であるハーバーマスはドイツ人であった。

　フランクフルト学派の目的は、歴史のなかで形作られ、変化してきた人間の本性を理解することであり、ヘーゲル、マルクス、カントなどの考えに焦点を当てた。

　フランクフルト学派の最大の特徴が、現状を批判することでより良い現実を達成するという批判理論である。批判理論の創出の原点となったのが、1937年に社会研究所の雑誌、『社会研究誌』に掲載されたホルクハイマーの「伝統理論と批判理論」という論文であった。伝統理論とは、理論のなかから矛盾を取り除くことを強調し、それが真理であると盲目的に信じることで、現状の社会のあり方を肯定するとともにそれをイデオロギー的に支える理論である（同上書、47-48頁）。一方、批判理論は人間が矛盾に満ちた社会のなかで生活しており、理論そのものが矛盾に満ちた社会の産物であることを自覚し、その矛盾を

批判する（同上書、52頁）。要するに、人々の行動をコントロールする総体である社会の矛盾を暴くことを目的とした。一方で、批判理論は現状の批判に重きを置くだけで、現状に代わるオルタナティヴは提示することはないという点は常に指摘されてきた。

2. コックスが提示した批判理論

　批判理論を国際政治学に導入した先駆者がコックスであり、彼は1981年に発表した論文「社会勢力・国家・世界秩序」において、国際政治学を問題解決理論と批判理論とに区分したうえで、批判理論の重要性を説いた。彼の問題解決理論と批判理論の対比は、上述したホルクハイマーの伝統理論と批判理論を国際政治学に応用したものである。

　コックスは問題解決理論を、「世界をあるがままに捉え、支配的な社会関係、権力関係、組織化されて作られている制度などを、行為のための所与の枠組み」として捉えている（コックス、216頁）。問題解決理論の目的は、既存の社会関係、権力関係、制度が正しいことを前提とし、それらを運用することで既存の秩序を肯定し、維持する（繰り返す）ことにある。一方、批判理論は、「世界の支配的な秩序から距離を置き、その秩序がいかに生まれたかを問う」理論で、問題解決理論においては前提とされている社会関係、権力関係、制度そのものおよびその起源に関心を持ち、それらはどのように変化しているのかいう点に焦点を当てる（同上論文、217-218頁）。そして、コックスはホルクハイマーとは異なり、批判理論を現状の世界を変えて実現できるようなオルタナティヴの範囲を明らかにするための鍵として捉えている。批判理論は、歴史的な変化の継続的な過程に関心を持っているという点で、歴史に深く根差した理論であり、イタリアの歴史家であるジャンバッティスタ・ヴィーコ（Giambattista Vico）とマルクス主義の史的唯物論を高く評価している。ある行為枠組みを永続的と捉え、その維持に努める問題解決理論とは異なり、批判理論は、行為の枠組みが歴史的な構造（思考のパターン・物質的な条件の組み合わせ・制度の独特の

組み合わせで、これらの間にある種の一貫性が存在するような構造）の一形態にすぎないと考えている。

コックスはマルクス主義の史的唯物論を高く評価したが、全ての問題解決論、特にリアリズムを否定し、マルクス主義の全てを受け入れているわけではない。コックスによると、一部のリアリズムの考えは歴史的な思考様式に起源を持っているとし、フリードリヒ・マイネッケ（Fridrich Meinecke）の国家理性に関する研究やカーの『危機の二十年』は現実の思考様式を打破しようとした点で批判理論であると位置づけている。しかし、モーゲンソーからウォルツに至り、リアリズムは次第に批判理論から体制擁護の問題解決理論へと変化したと指摘している。

コックスが考える歴史的構造は、物質的な能力、観念、制度に関する独特の配置状況を指す（図表7-1を参照）。物質的能力とは、生産に関連する力であり、具体的には技術、天然資源、政治装置や富の蓄積などである。コックスは観念に2つの意味を付与しており、それらは相互主観的な社会の共有概念である習慣や行為と、さまざまな人間集団が持っている社会秩序に関する集合的なイメージとされる。

図表7-1　歴史的構造の理念型

（出所）　コックス、230頁を参照し、筆者作成

制度はある秩序を安定化させ、永続化させる方法と説明される。この点ではリベラリズムの考えと共通しているが、コックスの制度の考えで特殊なのは、制度は形成される時点では支配的な権力関係を反映しているが、次第に制度が対立している諸勢力間の戦場になる可能性があると指摘している点である。コックスの歴史的構造という考えは、グラムシの「歴史ブロック」から着想を得ている。グラムシはイタリア出身のマルクス主義思想家で、その主著である『獄中ノート』は後世の研究者に多大な影響を与えた。コックスに影響を受け、グラムシの視点を国際政治に応用したスティーヴン・ギル（Stephen Gill）によると、「歴

史ブロック」とは、さまざまな組み合わせの「力関係」の間に高度な政治的整合性がある状態で、国家の重要な構成要素を明確化する概念である（ギル、127頁）。こうした「力関係」の第1は、構造的あるいは物質的なもの（生産力・都市の数など）であり、第2は政治的なもので、多様な階級の発展と政治意識に関わるものである。第3は軍隊である。とりわけグラムシは構成要素間の連帯を重視した。歴史ブロックが成立するためには、支配的な社会階級内部に高度に発達した政治意識を基礎とした指導力と行動が必要とされる（同上書、128頁）。その際、階級間の結合、整合性を保つ働きの媒体となるのが「有機的知識人」である。「有機的知識人」とは、元々は国家に官僚として採用されたものの、プロレタリアートの考えに同意し、社会形態の変化を促すために行動する知識人のことを指す。有機的知識人によって階級間の「有機的な」つながりが作られ、それが普遍的なヘゲモニーを作り出すことになる。

　コックスは、具体的な歴史構造として、①生産組織、②国家と市民社会の複合体としての国家形態、③世界秩序、という戦争と平和を規定する諸勢力の配置状況を設定した（図表7-2を参照）。コックスによると、3つの構成要素は相互に関連し、生産組織における変化は新しい社会勢力を生み出し、新しい社会勢力はまた国家構造における変化を生み出し、国家構造の変化が世界秩序にあり方を変化させる（コックス、233頁）。

図表7-2　具体的な歴史の構造

（出所）コックス、234頁を参照し、筆者作成

　構造的リアリズムがアナーキー、制度的リベラリズムが国際レジームに基づく覇権の安定に重きを置いているのに対し、コックスはヘゲモニーという概念に重きを置いた。コックスのヘゲモニーはグラムシのヘゲモニーを国際政治に適用したものである。グラムシはヘゲモニーを国家と市民社会の関係で論じた。グラムシは、国家と市民社会の関係を強制装置としての「政治社会」とヘ

ゲモニー装置としての「市民社会」の融合として捉え、「政治社会」は法などを通じた国家の直接的支配領域であり、「市民社会」は支配集団が社会全体に行使するヘゲモニー機能を持つとした。ヘゲモニーとは、ある階級が他の階級に自分たちの道徳・政治・文化的価値観を承認させるような機能を示し、それを通じて支配の主導権を持つこと、つまり「同意」を意味する（片桐、278-287頁）。コックスは、世界秩序を担保するためにはヘゲモニーが必要であると主張する。ここでのヘゲモニーは、「物質的な力の配置状況・世界秩序に関する広く共有されたイメージ・一定の普遍性があるという外観をもって秩序を管理する一連の制度が重なり合って一貫性を持つようになった状態、またはそれらが互いにうまく対応している状態」を基礎とする（コックス、236頁）。コックスは、次第にヘゲモニーがナショナルなレベルからグローバルなレベルへと拡大すると考えた。

ギルは『米国のヘゲモニーと日米欧委員会（邦訳は『地球政治の再構築』）』において、グラムシの概念とコックスの理論を応用し、冷戦体制崩壊後の世界におけるヘゲモニーのあり方を、アメリカの行動とトランスナショナルな政府間協力関係、特に産官学出身者が混在している日米欧委員会に焦点を当て、分析した。

3. リンクレーターの批判理論

フランクフルト学派の影響を受け、批判理論の立場から国際政治を分析した学者にリンクレーターがいる。リンクレーターはヘーゲル、カント、マルクス、そしてハーバーマスをはじめとしたフランクフルト学派などの影響を受けた批判理論の観点に立ちながら、英国学派の枠組みを用いて国際政治を分析している。リンクレーターが特に重視するのが、「人間の自主性を拘束するものを啓蒙によって解放を図ること」であった（リンクレイター）。リンクレーターはカントの世界市民論に根差し、主権国家よりも人間というアクターに焦点を当てる。カントの世界市民の考え方は、例えばコスモポリタン法についての記

述によると、「外的に相互に交流しあう関係にある人間や国家は、普遍的な人類国家の市民とみなされうる」とされる（カント、47-50頁）。押村高によると、カントの世界市民およびコスモポリタン法は、国民国家よりもふさわしい道義的共同体を模索する人間の権利や義務に由来するとされる（押村、102頁）。そのため、リンクレーターは英国学派においては革命主義の立場に立つ。リンクレーターは、主権国家のような共同体よりもコスモポリタニズムを重視する。コスモポリタニズムとは、ストア派のディオゲネス（Diogenes）が最初に唱えた宇宙市民と訳される言葉で、宇宙の全存在者が理性によって支配されており、人間をその理性的宇宙の一員の同胞とする考え方に端を発している。そこから偏見を取り払い、人類が平和で平等で理性的世界で生活するという理想郷的な意味で用いられるようになった。コスモポリタニズムはストア派の思想、中世における平和思想・戦争法、近代のカントの平和思想などと結びつき、次第に道義的意味を含むようになった。主体的なアクターは個人であり、多層的な世界・普遍的な取り決めを想定するリンクレーターは、革命主義に基づく世界社会、言うなればコスモポリタニズムを達成するための手段として、ハーバーマスの「対話」を取り上げている。ここで少しだけハーバーマスの「対話」の基礎であるコミュニケーション的行為について整理してみよう。

　ハーバーマスによると、コミュニケーション的行為とは、説得力のある理由に基づいて、お互いの主張の妥当性を検証する行為として提起され、①相手の発言が真理（根拠があるか）を述べているか、②道徳的に正しいか（話し手と聞き手の間に安定した人間関係があるか）、③誠実に本心を述べているか以下の３つの観点から検証される（大島、230-237頁）。具体的には、自由な質疑応答の絶え間ないプロセスを通じて、人々の行為や利害が調整される行為が理念型（理想的発話状況）であり、合理性と規制能力を持つ。一方、コミュニケーション的行為、つまり、質疑応答によって合理的に動機づけられた合意ではなく、それ以外の条件（影響力）に基づいて利害を調整するのが戦略的行為とされる。

　ハーバーマスはコミュニケーション行為を成り立たせる条件として、民主主義と公共圏の２つを提起している。公共圏とは、市民が自由に議論を戦わせる

場（アリーナ）のことを指し、18世紀にヨーロッパにおいて芸術や文化の分野で発表した。その後は経済・行政の分野にまでこうした場が拡大したが、行政の広報活動・商業ジャーナリズムの発展によって萎縮したと説明される（同上論文）。ハーバーマスは、コミュニケーション行為によって生み出される政治権力（コミュニケーション権力）とその立法過程への関与によって、公共圏が再生されると考える。

　リンクレーターはコスモポリタン市民権の道徳的願望と政治的可能性を信じ、対話によってそれを実現に向かわせることができると主張する。グローバリゼーションや地球問題群の登場はその契機となり得る事態である。まずは、コスモポリタン法や世界市民に関する言説を発展させることが重要とされた（Linklater, p.118）。

4. 批判理論の応用：批判的安全保障論と批判地政学

　批判理論を安全保障の分野に応用したのがブースであった。ブースが安全保障分野に批判理論を持ち込んだのは、リアリズムが支配的な安全保障分野の研究に不満を覚えたためであり、安全保障の達成は人々をある程度まで自由にすると考えたためであった。つまり、リアリズムの考え方では安全保障の達成のための「手段」に主眼が置かれるが、批判的安全保障論では、安全保障達成の「意味」について検討している。ブースは、安全保障は、フランクフルト学派が提起した人間の「解放」の手段として、有益であると主張したのであった。ブースはこの点について、「安全保障と解放」という有名な論文で説明した（Booth, pp.313-326）。ブースは本務校であったウェールズ大学アヴェリストゥイス校の大学院に批判的安全保障のコースを作り、そこで批判的安全保障論の普及に努めた。

　批判理論は地政学とも結びついた。コーリン・フリント（Colin Flint）によると、批判地政学は、伝統的地政学（古典的地政学）を再考し、その偏りや政治課題を暴くことを目的とする（フリント、6頁）。伝統的地政学とは、一般的に、地

理的条件が外交政策に与える影響を考察する研究分野のことを指し、特に国家の戦略と結びついてきた。伝統的地政学は、19世紀後半の帝国主義の時代から現在に至るまで、対外政策に影響を与えてきた。例えば、ハートランド論を展開したハルフォード・マッキンダー（Halford Mackinder）、『海上権力史論』を著したアルフレッド・セイヤー・マハン（Alfred Thayer Mahan）、生存権という概念を提唱したカール・ハウスフォーハー（Karl Haushofer）、リムランド論を展開したニコラス・スパイクマン（Nicholas Spykman）などである。

しかし、地政学には白人、男性性、エリート、西洋的コンテクストとの知という4つの特権的立場が所与として付随しており（同上書、5頁）、中立な立場から地理的条件を考慮するのではなく、ジェラルド・トール（Gerard Toal/ Gearóid Ó Tuathail）が指摘するように、「ある特定の地理的世界観によって情報処理される」ものであった（トール、235頁）。加えて、伝統的地政学は、大衆の支持を得るために過度に単純化されたヴィジョンを提示することに努めてきた。

それでは、批判地政学はどのように伝統的地政学を再考しているのだろうか。トールによると、批判地政学は伝統的地政学を公式地政学、実践地政学、大衆地政学、構造地政学に区分してその言説（権力と権威とを言語の構成物に混合させたもの）を分析する（同上論文、235-237頁）。「ある特定の地理的世界観によって情報処理される」ということを念頭に置くと、公式地政学は、知識人や国家機関による特定の地理的世界観の構築、実践地政学は特定の地理的世界観の外交における実践、大衆地政学は、マスメディアを通した特定の地理的世界観の大衆への喧伝と理解の促進、構造的地政学は特定の地理的世界観に基づく外交の実践を促進させたり制約させたりする国際システムの構造変化、にそれぞれ焦点を当てた見方である。国際システムの構造変化として、トールは、グローバル化、情報化、技術／科学リスクの3つをあげている。

本章では批判理論について、フランクフルト学派、ヨーク学派、リンクレーターの考え、さらに批判的安全保障論と批判地政学について概観してきた。日

本では批判理論を用いて事例を分析した著作や論文はいまだに少ないが、世界的に見ると批判理論、特にヨーク学派や批判的安全保障の視点から事例を検証した著作は増加している。日本でも今後批判理論を応用した研究が増え、国際政治の研究が多様化することは望ましいことだろう。

●参考文献
・アンドルー・リンクレイター「国際関係論の次段階の問題─批判理論からの味方─」猪口孝編『国際関係リーディングズ』東洋書林、2004年、87-118頁。
・大島啓「ハーバーマス」土井文博、萩原修子、嵯峨一郎編『はじめて学ぶ社会学─思想家たちとの対話─』ミネルヴァ書房、2007年、230-237頁。
・押村高『国際政治思想─生存・秩序・正義─』勁草書房、2010年。
・片桐薫『グラムシ・セレクション』平凡社、2001年。
・カント（宇都宮芳明訳）『永遠平和のために』岩波書店、1985年。
・コーリン・フリント（高木彰彦編訳）『現代地政学─グローバル時代の新しいアプローチ』原書房、2014年。
・ジェラルド・トール「批判地政学の理解のために─地政学とリスク社会」コリン・グレイ／ジェフリー・スローン編（奥山真司訳）『進化する地政学：陸、海、空、そして宇宙へ』五月書房、2009年、227-265頁。
・スティーヴン・ギル（遠藤誠治訳）『地球政治の再構築』朝日選書、1996年。
・細見和之『フランクフルト学派：ホルクハイマー、アドルノから21世紀の「批判理論」へ』中央公論新社、2014年。
・ロバート・コックス（遠藤誠治訳）「社会勢力・国家・世界秩序─国際関係論を超えて─」坂本義和編『世界政治の構造変動2：国家』岩波書店、1995年、211-268頁。
・Andrew Linklater, "Cosmopolitan Citizenship", *Citizenship Studies*, Vol.2, No.1, 1998, pp.23-41.
・Ken Booth, "Security and Emancipation", *Review of International Studies*, Vol.17, No.4, pp.313-326.
・Martin Griffiths, Steven Roach and Scott Solomon, "Andrew Linklater" in Martin Griffiths, Steven Roach and Scott Solomon, *Fifty Key Thinkers in International Relations (Second edition)*, New York: Routledge, 2009, pp.201-209.
・Pinar Bilgin, "Critical Theory", in Paul Williams (ed.), *Security Studies: An Introduction*, London: Routledge, 2008, pp.89-102.

●お薦め文献
国際政治学における批判理論を理解するためにはまず批判理論そのものを理解しなければならない。必読文献はフランクフルト学派の第一世代に該当するホルクハイマー、

アドルノ（徳永恂訳）『啓蒙の弁証法―哲学的断想』岩波書店、2007年、そして第二世代の旗手、ハーバーマスの著作である。ただし、フランクフルト学派の著作は難解な部分が多いので、まずは細見和之『フランクフルト学派：ホルクハイマー、アドルノから21世紀の「批判理論」へ』中央公論新社、2014年などの概説書から始めることをお薦めしたい。

　ヨーク学派の批判理論に関しては、フランクフルト学派に加え、グラムシの考えを理解する必要がある。グラムシの主著は『獄中ノート』であるが、彼の鍵概念を手際よく整理した概説書として、片桐薫『グラムシ・セレクション』平凡社、2001年が参考となる。ヨーク学派によるグラムシ論の決定版がStephen Gill (ed.), *Gramsci, Historical Materialism and International Relations*, New York: Cambridge University Press, 1993である。ヨーク学派に関しては、邦訳されているロバート・コックス（遠藤誠治訳）「社会勢力・国家・世界秩序―国際関係論を超えて―」坂本義和編『世界政治の構造変動2：国家』岩波書店、1995年、211–268頁とスティーヴン・ギル（遠藤誠治訳）『地球政治の再構築』朝日選書、1996年が必読文献である。

　リンクレーターの批判的国際政治学に関しては、まず邦訳されているアンドルー・リンクレイター「国際関係論の次段階の問題―批判理論からの味方―」猪口孝編『国際関係リーディングズ』東洋書林、2004年、87-118頁を読んだうえで、リンクレーターの英語の著作に進むのがよいだろう。

　ウェルシュ学派に関するものはさらに少ない。ウェルシュ学派の重鎮、ケン・ブースによる諸学者向けの概説書、Ken Booth, *International Relations: All That Matters*, London: Hodder & Stoughton, 2014、批判的安全保障論の概説書、Columba Peoples and Nick Vaughan-Williams, *Critical Security Studies: An Introduction (second edition)*, Oxon: Routledge, 2015などをまずは読んだうえで、Ken Booth, *Theory of World Security*, Cambridge: Cambridge University Press, 2007に進んでもらいたい。

　また、本書では扱わなかったが、土佐弘之の一連の著作は批判的国際関係論の視点から書かれたものであり、日本の国際政治学のなかでは異彩を放っている。

第8章　コンストラクティヴィズム

第8章
・国際政治理論において、コンストラクティヴィズムはなぜ台頭したのか
・コンストラクティヴィズムの諸学派の特徴はどのようなものであったか
・コンストラクティヴィズムの規範論はどのようなものであったか
・コンストラクティヴィズムの安全保障共同体論はどのようなものであったか

1. 第三論争の最後に登場したコンストラクティヴィズム

　コンストラクティヴィズム（構成主義）は、国際政治理論の第三の論争（パラダイム論争を含めると第四の論争）の最後に登場した理論である。コンストラクティヴィストはラショナリズムを「存在論」、コンストラクティヴィズムを「認識論」と位置づける。存在論とはギリシャ時代から常に哲学的問いの中心であり、実際にこの世界に存在する事象を論じることである。存在論は常に「何が（地球上に）存在するのか」を基本的な問いとし、こうした事象は地球上の時間と空間の制約に縛られることがないとされる。自然科学と同様に社会科学を捉えようとするラショナリズムはこうした存在論をその中心に据えている。これに対して、認識論とは、人間の知識・認識を問題として扱う。「われわれが世界をどのように捉え、認識しているのか」というのが認識論の基本的な問いである。認識論は人間が主観的に事象を判断する見方であるため、時間と空間に大きく左右される。認識論によって主観的に理解されたアクターの見方がアイディアである。コンストラクティヴィストは、これまでの国際政治理論はあまりにも存在論に依拠した議論であったとし、これまで見過ごされてき

た認識論の視点の重要性を強調する。認識論のなかでも、単一のアクターの主観的な見方（理念）ではなく、社会において複数のアクター間の相互作用によって構築・共有される主観、つまり「間主観性」に基づくアイディア、規範、アイデンティティーに注目する。

　リアリズムでは、国家の追求する利益はパワー、防衛、生存など所与のものとされ、利益とは何かは問題視されなかった。一方のコンストラクティヴィズムでは、利益を所与のものと考えず、利益も社会的に構成されると考えている。この点がコンストラクティヴィズムの特徴であるが、理論的な弱みともなっている。リアリズムの考えでは利益に関して、アクターを観察する際の因果関係（AならばB）が明確に成り立つ。それに対して、コンストラクティヴィズムの場合、その因果関係がケースバイケースなので、一般化しにくい。

　それでは、なぜコンストラクティヴィズムは台頭したのだろうか。まず、ラショナリズム批判の一環として登場した批判理論とポストモダニズムの国際政治理論は、ラショナリズムの批判という点では徹底していたが、コックスに代表されるヨーク学派以外、ラショナリズムの代替案を提示することができなかった。ラショナリズム批判、そして他のリフレクティヴィズムを批判するだけでなく、代替案を提示したのがコンストラクティヴィズムであった。2つ目に、冷戦構造の崩壊を予測できなかったことでラショナリストの理論的信頼性が低下したことがあげられる。これにより、ラショナリズムに代わる理論の必要性が声高に叫ばれるようになった。3つ目に、コンストラクティヴィズムの考えが、若手を中心とした国際政治学者たちに受け入れられた点があげられる。ヨーク学派の枠組みは国際秩序を議題とするマクロ理論であるとともに、マルクス主義の影響が色濃かったため、ややイデオロギー色を帯びた理論であった。それに対し、コンストラクティヴィズムはイデオロギー色が薄く、アレクサンダー・ウェント（Alexander Wendt）が提示したようなマクロ理論もあるが、ピーター・カッツェンスタイン（Peter Katzenstein）によって提示された主権国家に焦点を当てた枠組み、マーサ・フィネモア（Martha Finnemore）とキャサリン・シキンク（Kathryn Sikkink）によって提示された規範に焦点を当

てた枠組みは、応用の可能性が多かったため、若手の研究者が積極的に採用することとなった。加えて、ラショナリズムの理論的弱点が露呈されるなかで、新たな理論構築を試みていた主流の学者たち—カッツェンスタインやラギー、さらには理論的立ち位置は異なるもののコヘインらの後押しがあったことでコンストラクティヴィズムはその存在を確固たるものとした。

2. コンストラクティヴィズムの共通理解と類型

　後述するように、コンストラクティヴィズムは諸学派に分類されるが、どの学派もいくつかの前提は共有している。第1に、社会的・政治的なアクターの行動を形作るうえで軍事力・経済力などの物質的な要素だけではなく、アイディア・信条・価値といった要素も重要であるという点である。第2に、アクター間の社会的相互作用を重視し、それによって生じる社会的構成に注目する点である。第3に、アクター（ウェントの言葉ではエージェント）と構造は相互作用によって構成されていると見る点である。構造的な視点を持つが、構造がアクターを形作るという構造的リアリストの前提は否定する。

　コンストラクティヴィズムは少なくとも5つの学派に区分することが可能である（Reus-Smit, pp. 199-201）。第1に、ウェントに代表される体系的なコンストラクティヴィズムがあげられる。この見方は、ウォルツの第3イメージ、つまり国際構造を最重要視する見方を受け入れ、国際構造内でのアクターと構造の関係について焦点を当てる。ウェントを有名にした1992年にインターナショナル・オーガナイゼーション誌に掲載された「アナーキーは国家によって作り出されるもの」および主著『国際政治の社会理論』はウォルツの『国際政治の理論』を大いに意識した著作であり、国際構造がアクターである主権国家の行動を決定するという考えに対抗し、国際構造と主権国家は相互作用し、国際構造も可変的であると考える。体系的コンストラクティヴィズムの欠点は、その議論があまりにも国際構造を意識したものとなっており、ウォルツの理論の焼き直しと言っても過言ではない点である。ちなみにウェントは1989年にミネソタ

大学で博士号を取得しているが、この時期にはマイケル・バーネット（Michael Barnett）、ジェニファー・ミッツェン（Jennifer Mitzen）、ジュッタ・ウェルデス（Jutta Weldes）などがミネソタ大学で学んでいる。また、後述する規範に焦点を当てたコンストラクティヴィストであるシキンクもミネソタ大学の学部を卒業しており、ミネソタ大学はコンストラクティヴィストを結びつける1つの拠点であった。ウェントは『国際政治の社会理論』の謝辞で自身の指導教授であるレイモンド・ドゥヴァル（Raymond Duvall）を「ミネソタ学派の父」と呼んでいる（Wendt, p.xv）。

第2に、主権国家に焦点を当てたアクター（ユニット）レベルのコンストラクティヴィズムがあげられる。この学派の代表的な識者はカッツェンスタインである。この学派は、体系的なコンストラクティヴィズムとは逆に、諸国家内部の法的規範、アイデンティティー、利益が相互作用によってどのように変化するかに注目する。カッツェンスタインは同じ敗戦国、戦後統治、経済発展、政治構造の変化、大国であったという過去といった共通点を持つ日本とドイツが、非常に異なった国内的・国際的な安全保障政策を採用したのはなぜかを説明するために、制度的な規定、国内社会規範、法規範に注目して検証した。カッツェンスタインの日本の安全保障に関する研究は、『文化と国防』として邦訳が出ており、日本の読者も手に取りやすい。アクターレベルのコンストラクティヴィズムは汎用性が高い半面、一般化しにくく、その妥当性を説明するのが難しい。端的に言えば、扱った事例全てが特殊なケースであり、標準的なケースが存在しないことになる。

3つ目の見方は包括的なコンストラクティヴィズムと呼ばれるもので、ラギーやフレデリック・クラトクヴィル（Fredrick Kratochwil）などの研究が該当する。体系的なコンストラクティヴィズムとアクターレベルのコンストラクティヴィズムがウォルツの『国際政治の理論』以降顕著となった国際構造と主権国家の二項対立に終始しているのに対し、包括的なアプローチはどちらに優劣を置くかではなく、国際領域と国内領域をつなごうと考える。国際的な秩序と諸国家の相互構成関係に焦点を当てたうえで、近代における国際システムの根本的な

変化と主権国家の変化するアイディアの役割に注目する。ウェントの国際構造に焦点を当てた見方と類似しているが、ウェントが主権国家が影響を与える国際構造をウォルツが提示したアナーキーと仮定していたのに対し、包括的な見方は、必ずしも国際構造をアナーキーと限定していない。ここまでの3つの見方を集約すると、どの見方も国際構造と主権国家間の関係が相互作用しているという見解は共通するものの、第1の見方はアナーキーという国際構造を重視、第2の見方は主権国家を重視、第3の見方は双方向の変化を重視している。

　4つ目の見方は、最も早い段階で生じたアプローチで、アクターの言説に注目する見方である。クラトクヴィルやニコラス・オヌフ（Nicholas Onuf）がこの立場をとり、言語とその社会機能がルールや規範を作り出すと考える（重政、74頁）。この言語行為論を国際政治理論に応用した1つの集大成が、オヌフが1989年に上梓した『世界は我々が作るもの』であった。オヌフがフロリダ大学の教授だったため、彼を中心とした言語行為論に傾倒したコンストラクティヴィズムを「マイアミ学派」と呼ぶことがある。

　5つ目の見方は、相互行為のなかでも国際規範の役割を強調するものである。この見方が最も注目するのは、規範がアクターに作用する側面と、規範がアクターの行動によって形成され、維持、変化するといった動的な分析である。これまであげてきたコンストラクティヴィズムの見方のなかで、最も応用されてきたのがこの見方である。その理由は、主権国家がどのように国際構造に由来する国際規範を受容してきたかに注目するため、汎用性が広いこと、そしてフィネモアとシキンクによって、規範のサイクル理論と呼ばれる定式が普及したためである。最も普及している5つ目の見方を次節では詳しく検討したい。

3.　コンストラクティヴィズムの規範論

　規範の動的な分析を行なうためには、規範のレベルと規範の変容過程の分類に注意を払う必要がある。コンストラクティヴィズムの規範研究で研究対象となってきたのは、国連や世界銀行、国際通貨基金（International Monetary Fund：

以下、IMF）などの国際機構で締結され、国際的な影響力を持つ国際規範である。国際規範の下位規範として言及されてきたのが、諸国家内部の国内規範である。また、国際規範と国内規範の間に地域規範というレベルを設定することができる。アチャリヤは東南アジア諸国連合（Association of Southeast Asian Nations：以下、ASEAN）のASEAN wayという意思決定プロセスを事例に「規範のローカル化」を取り上げているが、これはまさに地域規範に関する研究である。さらに「規範のローカル化」を考慮すると、国内規範の下位にローカル規範と呼ぶことが可能な規範を想定することができる。規範の伝播やその変容過程に関しては文化人類学の要素が多分に取り込まれている。文化人類学は文化の変容に関して進化論、伝播論、そして文化様式論という流れで理論的発展を遂げた。規範、特にその伝播に焦点を当てるコンストラクティヴィストたちは、まさにこの文化人類学の理論的発展に沿って説明を展開している。

　進化論の視点から規範の伝播に関する説明を試みたのがアン・フロリーニ（Ann Florini）である。フロリーニは数多くある規範のなかで特定の規範がなぜ生き残ることができるかを、他の優勢な規範との関係、国際環境との関係から考察した。フロリーニは特に規範起業家の役割に注目し、規範起業家がいかに規範を国際環境に広めようと努力するかが規範の生存には不可欠であると指摘している。フロリーニは規範の伝播に関して、新しい規範が伝統的な規範に沿った形で伝播する垂直的再生産と、規範の受容者が自分たちに最も適合する規範を選択し、借用するという水平的再生産という2つの経路を示し、水平的再生産という経路の方がより優勢な規範が生存することになると指摘した。

　フロリーニが進化論に依拠して提示した2つの経路を、伝播論の立場からよりシステマティックに示したのがフィネモアとシキンクである。彼らは規範の伝播に関して、規範の生成、連鎖、内在化という3段階のアプローチをとった。①まず、規範は特定の規範起業家と組織によって形成され、その規範には規範起業家の利益が盛り込まれたり、特定の組織の構造に依存したものになったりしている。②生成された規範は、規範起業家の人々に対する説得により、場合によって受容される（場合によっては拒否される）。受容された規範は、既存

の国内規範をより国際社会に適合した規範に変容させる。フィネモアとシキンクはこの変容を「社会化」と呼んでおり、規範の受容者が国際社会に積極的に関与することがこの社会化を促すとされる。③規範起業家の活動や、受容された規範が国際社会で正当性を確立することで、新たな規範が国内社会に浸透し、人々に受け入れられる。

　フロリーニ、フィネモア、シキンクは規範の伝播を考察するにあたり、国際規範を対象とし、国際規範の優位性を自明とし、地域、国家、地方の規範を変容の対象と見なしていた。これに対し、アチャリヤは国際規範が特定の地域に伝播するためには地域、国家、地方の規範に適応しなければならず、規範の「ローカル化」が重要であると指摘した。規範の「ローカル化」とは、「規範の伝播は規範起業家や規範の伝播者による一方的な過程ではなく、規範の受容者が既存の規範のなかに新たな規範を取り込んだり、適応させたりするという複雑な過程」とされる（Acharya, 2004, p.241）。つまり、それぞれの地域、国家、地方で発達した規範やその様式が重要であるとされた。アチャリヤは規範のローカル化の過程を4つの段階に分け、説明している（Ibid., p.252）。それらは①ローカル化の前段階として、規範の受容者にとって新たな国際規範が既存の規範に対して利益をもたらすか否かが考慮され、利益をもたらすと考えられた場合は新たな規範の受容を始める段階、②規範起業家（または伝達者）によって国内で新たな規範が伝播される段階、③既存の規範に新たな規範が選択的に取り込まれる段階、④ローカル化された規範が地域、国内、地方で拡大、普遍化する段階、である。

4.　コンストラクティヴィズムの安全保障共同体論

　ドイッチュの安全保障共同体、特に多元型安全保障共同体に関する議論はそれ以後もラセットやアーレンド・レイプハルト（Arend Lijphart）といった共同体を核に考えるリベラリストたちの間で続けられた。1990年代に入り、この安全保障共同体の理論をコンストラクティヴィズムの視点から深化させたのがエ

マニュエル・アドラー（Emanuel Adler）とバーネットである。リベラリズムの章で論じたように、カントに大きな影響を受けているドイッチュの理論が戦争のない状態という目的に主眼を置いたのに対し、アドラーとバーネットは共同体の集合的アイデンティティーの形成とその深化により注意を払った。これには、冷戦の終結によって、地域や目的に根差した共同体が存在感を増したこと、新たな共同体が多数構築されたことなどが背景にあろう（図表 8-1 を参照）。彼らは多元的共同体のみを取り扱い、安全保障共同体が形成される過程を、きっかけとなる条件、発展途上の段階、成熟の段階という3つの層に区分した（Adler and Barnett, pp.37-58）。きっかけとなる条件として①技術、人口、経済、環境の変化、②社会的現実に関する新たな解釈の発展、③外的諸脅威、発展途上の段階としては相互信頼と、集団的アイデンティティーの発展を促す要因として①パワーと知識（具体的に知識とはリベラリズムと民主主義に関する意味と理解の共有）という構造と、②交流、国際機構、社会的学習というプロセスが重要であるとされる。第3の段階として、平和的変更への期待を実現するための必要条件である相互信頼と集団的アイデンティティーが確立されることで安全保障共同体が成熟する、という区分であった（山内、108頁）。

図表 8-1 （多元型）安全保障共同体の諸類型

	理論的潮流	目的	自由民主主義	当該地域
ドイッチュ	リベラリズム	不戦状態の確立	必要条件	北大西洋
アドラー・バーネット	コンストラクティヴィズム	アイデンティティーと信頼醸成の確立	必要条件	全ての地域
アチャリヤ	コンストラクティヴィズム	アイデンティティーの確立 規範の共有	必要条件ではない	全ての地域

（出所）　筆者作成

アドラーとバーネットが編集した『安全保障共同体』では彼らの緩やかなモデルに従い、西洋だけでなく、東南アジア諸国連合（ASEAN）、湾岸協力会議（GCC）、そしてラテン・アメリカにおける協力にも焦点が当てられた。またドイッチュと同様に機構だけでなく、安全保障共同体を2国間の関係にも適用した。

アドラーとバーネットの編集した著作でも執筆しているアチャリヤは、西洋世界を分析するために発展した安全保障共同体の理論をどのように発展途上国に適用するかという疑問に真正面から向き合った。ドイッチュや彼の理論的影響を受けたラセットが提起した理論の限界は、それらがあくまで西洋という地域またはその基準のみを考慮していた点である。アチャリヤはこの点に関して、西洋に比して発展途上国では多くの紛争が起こったり現在も継続したりしていること、そして自由民主主義の原則を特徴とする経済的相互依存と政治的多元性がドイッチュの提唱した、安全保障共同体には必要であり、多くの発展途上国ではこの点が欠如していること、という2点を指摘している（Acharya, 2009, pp.32-35）。しかし、アチャリヤはこの2点が必ずしも安全保障共同体構築の必要条件でないことはASEANの例が証明していると考える。図表8-1でも明らかなように、この点でアチャリヤはドイッチュ、アドラーとバーネットと異なった見解を持っている。ASEANは社会的問題を平和的に解決するという信条を各国が共有している点で安全保障共同体と考えられるが、全ての国に自由民主主義が浸透しておらず、経済的相互依存も希薄な国が多い。アチャリヤは、安全保障共同体の理論が発展途上国へ適用可能であると提唱するとともに、アドラーやバーネット以上に安全保障共同体の理論をコンストラクティヴィズムの領域へ押し込めた。アチャリヤが考える安全保障共同体は組織や規範がいかに共同体のアイデンティティー、つまり共同体意識をその地域の慣習や文化的影響を受けながら確立するかに焦点が当てられる。

● 参考文献
・重政公一「国際関係理論におけるコンストラクティヴィスト・アプローチの再評価」『NUCB journal of economics and information science』第50号2巻、2006年、71-86頁。
・山内麻貴子「ドイッチュの多元型安全保障共同体に関する一考察：アドラーおよびバーネットによる継承研究との比較の視点から」『同志社大学ワールドワイドビジネスレビュー、第3巻第2号、2002年、97-115頁。
・Alexander Wendt, *Social Theory of International Politics*, Cambridge: Cambridge University Press, 1999.
・Amitav Acharya, "How Ideas Spread: Whose Norms Matter? Norm Localization and

Institutional Change in Asian Regionalism" *International Organization*, Vol.58, No.2, 2004, pp.239-275.
・Amitav Acharya, *Constructing a Security Community in Southeast Asia: ASEAN and the Problem of Regional Order : Second edition*, London: Routledge 2009.（2014年にThird editionが出版）
・Ann Florini, "The Evolution of International Norms", *International Studies Quarterly*, Vol.40, No.3, 1996, pp.363-389.
・Christian Reus-Smit,"Constructivism" in Scott Burchill etc (eds.), *Theories of International Relations (3rd edition)*, Palgrave, 2005, pp.188-212.（2013年にFifth editionが出版）
・Emanuel Adler and Michael Barnett, "A Framework for the Study of Security Community" in Emanuel Adler and Michael Barnett (eds.), *Security Communities*, Cambridge: Cambridge University Press. 1998, pp.37-58.
・Martha Finnemore and Kathryn Sikkink, "International Norm Dynamics and Political Change" *International Organization*, Vol.52, No.4, 1998, pp.887-917.

●お薦め文献

　コンストラクティヴィズムに関して最もまとまった邦語文献は、大屋根聡編『コンストラクティヴィズムの国際関係論』有斐閣、2013年である。この本は概説書というよりは、各イシューをコンストラクティヴィズムの視点から分析した研究書に近い。それ以外では、例えば、渡邉智明「研究諸事例におけるコンストラクティビズム―方法論としての可能性」『九大法学』第86号、2003年、341-364頁、重政公一「国際関係理論におけるコンストラクティヴィスト・アプローチの再評価」『NUCB Journal of Economics and Information Science』第50号2巻、2006年、71-86頁などが参考となる。コンストラクティヴィズムの方法論に関しては、Audie Klotz and Cecelia M. Lynch, *Strategies for Research in Constructivist International Relations*, New York: Routledge, 2007が詳しい。

　コンストラクティヴィズムによる分析で唯一邦訳があるのが、ピーター・カッツェンスタイン（有賀誠訳）『文化と国防』日本経済評論社、2007年である。この作品はアクターレベルのコンストラクティヴィズムの視覚から日本の安全保障政策を検証したものである。最も有名なコンストラクティヴィストであるウェントの作品は邦訳がない。しかし、彼の『国際政治の社会理論』については信夫隆司『国際政治理論の系譜―ウォルツ、コヘイン、ウェントを中心として』信山社、2004年、前田幸男「国際関係論における コンストラクティビズムの再構築に向けて―アレクサンダー・ウェントの批判的検討を中心として」『社会科学ジャーナル』第57号、2006年、149-171頁で詳しく論じられている。

　規範の変容に関しては、西谷真規子編『国際規範はどう実現されるか―複合化するグローバル・ガバナンスの動態』ミネルヴァ書房、2017年、西谷真規子「規範カスケードにおける評判政治1～6」『国際協力論集』2005年～2008年が詳しく論じている。

第9章　英国学派

第9章
・英国学派に分類される研究者は誰か
・英国学派の3つの潮流とはどのような考えか
・ヨーロッパ国際社会とその拡大に関する英国学派の考えはどのようなものであったか
・冷戦の崩壊は英国学派にどのような影響を与えたのか

1.　英国学派とは誰か

　国際政治学という学問はイギリスにおいて産声を上げたにもかかわらず、その理論は常に大陸ヨーロッパ、そしてアメリカを中心に発展してきた。しかし、イギリスを研究拠点とした研究者たちも独自の国際政治理論を発展させてきた。英国学派という名称で注意しなければならない点は、①英国学派とはあくまで他称であり（佐藤、228頁）、類似の考えを持った研究者たちがその思考方法を繰り返し語ることによって存在が認知されたこと（スガナミ、3-4頁）、②英国学派と言ってもイギリスの研究者による理論というわけではなく、イギリスに参集した研究者たちの理論であったこと、である。後者に関しては、例えば、英国学派の始祖の1人、チャールズ・マニング（Charles Manning）は南アフリカ出身であり、英国学派で最も有名な研究者の1人、ブルはオーストラリア出身であった。

　英国学派の起源には2つの説がある。1つ目の説は、LSEの国際関係学部の中心人物であったマニングとその周りに集まったワイト、ブル、ノースエッ

ジ、アラン・ジェームズ（Alan James）、マイケル・ドネラン（Michael Donelan）などによる国際社会に関する一連の研究である。もう1つの説は、アメリカのロックフェラー財団の援助で1959年にハーバード・バターフィールド（Herbert Butterfield）を委員長とし立ち上げられ、ワイト、ブル、アダム・ワトソン（Adam Watson）などが参加した英国国際政治委員会（以下、英国委員会）による研究成果に起源を求めるものである。自身も英国学派の重要人物の1人と見なされているヒデミ・スガナミ（Hidemi Suganami）は、この2つの起源はどちらが正しいということではなく、両立可能であり、相互に連関しあい、英国学派という学問集団の一部を反映していると説明している（同上論文、6頁）。さらにブザンを中心に、リチャード・リトル（Richard Little）、ウェーヴァーが1999年に「英国学派の再招集」を呼びかけたことで、これまでワイトやブルの弟子、英国委員会の出席者などかなり限定的であった英国学派の研究者群が、英国学派の考えにシンパシーを持ち、関心を同じくする研究者にまで拡大して考えられるようになった。その際にリーズ大学の教育・社会科学・法学部に立ち上げられたウェブサイト（http://www.polis.leeds.ac.uk/research/international-relations-security/english-school/）には現在でも英国学派の参考文献が随時アップデートされる形で掲載されている（2017年5月20日の時点で最終版は2015年）。

2. 英国学派の基礎的考え

　それでは、英国学派の研究者たちはどのような考えを持っているのだろうか。英国学派の特徴は大きく2点ある。まず、リアリズム、リベラリズム、マルクス主義の伝統が学派のなかで差異はあるにせよ、お互いに排他的であり、それぞれの思想的・理論的発展の流れを重視するのに対し、英国学派は究極的には合理主義の潮流を支持していくが、他の潮流を退けるのではなく、3つの潮流（英国学派の用語では「3つの伝統」）—現実主義・合理主義（ラショナリズム）・革命主義—は共存するものと仮定する（ブザン、18頁）。この3つの伝統は、ワイトによって提示された。現実主義は本書で見てきた古典的リアリズム

に該当し、ホッブズやマキャヴェリの思想的流れを汲む。要するに、国際政治の主体は主権国家であり、その基本原理は万人の万人に対する闘争であり、国家間の利害関係はゼロサムゲーム（勝つか負けるか／白か黒か）である。そして、主権国家は自らの利益の追求を第一に考え、他国との関係に束縛されない（ブル、33頁）。合理主義とは国際政治において主権国家は共通の規則と制度によって一定程度束縛される存在であり、また、国家間の関係も完全なゼロサムゲームではなく、利害対立と同時に経済的・社会的交流を行ない、共存と協力を受け入れると仮定する（同上書、35頁）。合理主義は国際法の父であるグロティウスや自然状態においても人間は理性的な行動をとると仮定するロックをその思想的な背景とする。革命主義は、現実主義と合理主義と焦点を当てるアクターが異なる。現実主義と合理主義が主権国家に焦点を当てたのに対し、革命主義は人々に焦点を当て、主権国家の枠組みを超えた個々の人々の国家横断的な社会関係を考察の対象とする（同上書、33頁）。そして、最終的に主権国家間の枠組みは転覆し、人々の社会的つながりを基本とした世界市民社会が登場することを革命主義は想定する。革命主義の考えは、人類共同体を想定したカントの思想を基礎としている。

　このように、英国学派の第1の特徴は、3つの潮流の総合的な評価であった。2つ目の特徴もこの考えと関係している。それは、3つの潮流が想定する国際構造の形態、つまり複数の国際構造の理念型の提示である。現実主義は国際システム、合理主義は国際社会、革命主義は世界社会を国際構造として想定する。国際システムは主権国家が織り成すアナーキーな構造で、そこではパワーが重視される。国際社会は主権国家中心で、その構造はアナーキーという点で国際システムと同様だが、そこでは国家間の間に規範や制度が共有され、相互関係が成り立つ、つまり社会的関係が成り立つと仮定する。国際システムが非歴史的、つまり、アナーキーという構造は不変であると考えるのに対し、国際社会は歴史的であり、国家間の社会化は歴史を通して深化してきたと考えられる。革命主義が想定するのは世界社会である。世界社会は主権国家ではなく人々が中心で、世界横断的なコスモポリタニズムをその理想とする。

図表9-1　英国学派理論における古典的な「3つの伝統」モデル

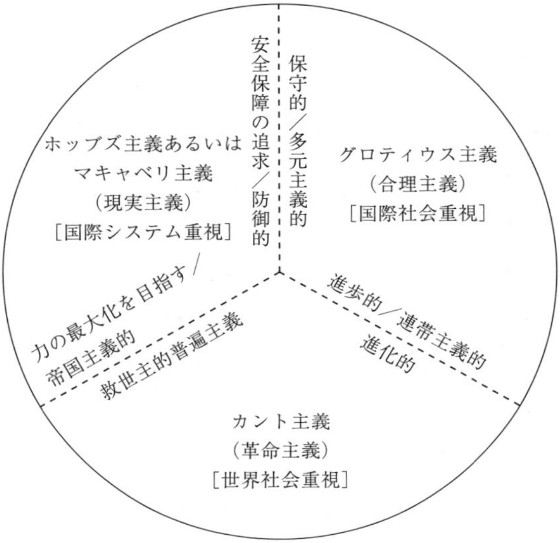

（円内、上部中央から時計回り）

保守的／多元主義的
安全保障の追求／防御的

グロティウス主義
（合理主義）
［国際社会重視］

進歩的／連帯主義的
進化的

カント主義
（革命主義）
［世界社会重視］

救世主的普遍主義

力の最大化を目指す／帝国主義的

ホッブズ主義あるいはマキャベリ主義
（現実主義）
［国際システム重視］

（出所）　ブザン、18頁

3. ヨーロッパ国際社会の拡大

　2つ目の特徴としてあげた3つの国際構造、そのなかでも合理主義の特徴である国際社会は、ブルの名著『アナーキカル・ソサイエティ』によってその国際社会の要件たる5つの制度——勢力均衡・国際法・外交・戦争・大国——が定式化された。『アナーキカル・ソサイエティ』は英国学派の1つの到達点と言える作品であったが、ここから2つの新たな発展が英国学派のなかで見られるようになった。1つ目の発展は国際社会の拡大である。ブルの国際社会概念はヨーロッパ、特に西欧での経験をもとに定式化されており、その適用範囲は基本的にヨーロッパであり、正確には「ヨーロッパ国際社会」であった。（池田、2013年、187頁）。しかし、ブルとワトソンは、非西洋諸国の国際社会への参入、国際社会が拡大することでその概念が変容していくことを想定し、1984年に『国際社会の拡大』という編著を出し、そこではヨーロッパではロシア／ソ連、

非ヨーロッパ諸国ではアメリカ、オスマン帝国、インド、中国、日本などと国際社会の関係が議論された。また、ゲーリット・ゴング（Gerrit Gong）は『文明国標準（The Standard of Civilization）』において、非西洋諸国がヨーロッパ国際社会に参入するための条件およびそこに潜む上下差別を描いた。日本と中国のヨーロッパ国際社会への参入に関しては、ショウゴ・スズキ（Shogo Suzuki）が、オスマン帝国の国際社会への参入に関してはヌリ・ユルドゥセヴ（Nuri Yurdusev）が詳細な議論を展開している。

　もう1つの国際社会の発展は、制度の精緻化である。上述したように、ブルは『アナーキカル・ソサイエティ』のなかで5つの制度を提示したが、ブザンはこの5つの制度を2つの観点から修正を試みた。まず、ブザンはブルが制度と見なした事象を「第一次制度」とし、これらは国際社会の構成員に共有されると同時に、構成員の正統な行動と定義した（ブザン、21頁）。ブザンは「第一次制度」に対して、「第二次制度」も構想し、それをリベラリズムが語るところの制度、つまり国連や世界銀行といった具体的な国際機構とした（同上書、22頁）。加えて、「第一次制度」はブルが提示した5つだけでは不十分であるとし、そこに領域性、主権あるいは内政不干渉、帝国主義／植民地主義、人間の不平等、王朝原理、ナショナリズムを加えることを提案している（同上書、135-149頁）。帝国主義／植民地主義、人間の不平等、王朝原理はヨーロッパ諸国の「文明国標準」を批判する要素でもあった。

4. 冷戦の崩壊と英国学派

　英国学派の活動は1980年代中盤から90年代初頭にかけてやや下火となった。その原因は、中心人物であったブル、その弟子であったレイモンド・ジョン・ビンセント（Raymond John Vincent）の相次ぐ死去であった（ブルは1985年に54歳で、ビンセントは1990年に47歳でこの世を去っている）。しかし、冷戦の崩壊とその後のバルカン半島における民族紛争の勃発で英国学派の議論は脚光を浴びることになる。それは、構造的リアリズムの議論で見たように、構造的リアリズム

やリベラリズムの議論が冷戦の崩壊、およびポスト冷戦期の国際政治を的確に説明できなかったため、そして、バルカン半島の混乱とともに「人道的介入」という問題に焦点が当てられるようになったためである。

アメリカで主流であった理論の信頼性が低下するなか、英国学派が注目されたのは、3つの視点から総合的に国際政治の理解に努める手法、特に主権国家よりも人々の行動を重視する革命主義の視点が冷戦の崩壊の考えるうえで有益だったためである。そして、ボスニア戦争やコソボ紛争に際して、人道的介入が国際政治の重要なトピックとして浮上すると、革命主義に関連する英国学派の「連帯主義」の考えが強調された。

英国学派固有の概念である連帯主義は、「多元主義」の概念と対比させられるが、多くの英国学派の識者が論じているように、これらの概念はゼロサムゲームではなく、国際政治の違った側面を投射するものである。連帯主義は、国際政治における秩序の維持と正義の両立を模索し、秩序は正義がなければ成り立たないとされる。また、国家からなる社会は場合によっては乗り越えられるものと考えた。一方の多元主義は国際政治において秩序の維持が最優先課題で、秩序の維持が延いては正義を成り立たせるとする。そして、国際政治のアクターはあくまで主権国家と考える。いずれにせよ、鶏が先か卵が先かという問題で、どちらの立場も国際政治における秩序と正義の両方を視野に入れている。話をかなり単純化すると、アメリカの国際政治学、特に構造的リアリズムやネオリベラリズムでは正義について論じられていないのに対し、英国学派は正義を秩序と同様に強調するのである。

ポスト冷戦期の初めに連帯主義と多元主義の視点から介入の問題について論じたのは、ジャクソンとニコラス・ウィーラー（Nicholas Wheeler）であった（池田、2017年、xvi頁）。ジャクソンとウィーラーは2000年にそれらの考えをまとめ、『グローバルな誓約：諸国家からなる世界における人間の品行』、『見知らぬ他人を救出する：国際社会における人道的介入』をそれぞれ上梓している。さらにリンクレーターは連帯主義の立場に立ち、コスモポリタニズムの重要性を説いている。

＊コラム3　新中世論

　ブルは、1977年に刊行された『アナーキカル・ソサイエティ』（邦訳では『国際社会論』）において、今後の国際政治のあり方の1つとして、「新中世主義」を提示した。新中世主義の意味するところは、主権国家体系が次第に中世の特徴であった最上位の主体が複数ある熱帯雨林型体系に変化することであった。ブルはその要因を、ヨーロッパや東南アジアで進展する地域統合、ケベックやバスクといった分離主義の動き、主権国家体系においては国家にのみ認められてきた暴力の独占の崩壊、多国籍企業・国際NGO・国際機関といった国境横断的な機構の確立、世界的な技術の統一化（科学技術の発展による地球の「圧縮化」）に求めている（ブル、317–330頁）。ブルの新中世主義は、1990年前後の冷戦構造崩壊後、さらに説得力を増し、現在に至るまでも古さを感じさせない。むしろ、国家による暴力の独占の崩壊や地球の圧縮化は現在の方が1970年代よりもはるかに進展した。ブルの慧眼には驚かされる。とはいえ、ブル自身も主権国家体系がすぐに新中世主義にとって代わられるとは想定していなかった。現在も主権国家体系は理念型とは違っているが「曲がりなりにも」継続している。

　田中も冷戦後の国際政治が、主体の多様性、自由民主主義と共産主義のイデオロギー対立の終焉、相互依存の進展から、「新しい中世」と表現される圏に突入した国家があると論じた（田中）。ブルが新中世主義を主権国家システムに代わる国際システムの1つとして提示したのに対し、田中は新しい中世をあくまで自由民主主義と市場経済が成熟した主権国家の国々が位置づけられる圏の1つとして提示した（田中は新中世圏のほかに近代圏と混沌圏を設定している）。

5. 英国学派は日本でなぜ支持を得るのか

やや私見ではあるが、英国学派は日本の研究者の間で人気が高いと感じる。その理由として、少なくとも以下の4つの点が考えられる。まず、英国学派が法律の考え方を重視している点があげられる。日本では国際政治学は伝統的に法学部政治学科のなかに設けられてきた。そのため、国際政治学を学ぶ学生は同時に国際法を履修している場合が多い。しかし、アメリカの国際政治学は石田淳が指摘しているように経済学の影響が色濃く、国際法を含む法学の要素は乏しかった（石田、177-178頁）。それに対し、英国学派は合理主義の考えに影響を及ぼした思想家としてグロティウスがあげられ、国際法が制度（ブザンの用語では第一次制度）の1つと見なされている。また、英国学派の設立の発起人の1人であるマニングは法学および法理学を専門としており、ブルの考え、特にその制度論は法学者のハーバート・ハート（Herbert Hart）の議論を下敷きとしていた。そのため、日本の研究者、特に法学部出身者にとって英国学派の議論は接しやすいものであった。2点目に現在の英国学派の核をなす研究者に日本人のスガナミがおり、彼の主著である『国際社会論——国内類推と世界秩序構想』は1994年に早くも翻訳が出されている点があげられる。また、最近ではスズキも国際社会論の拡大の議論で英国学派に重要な貢献を果たしている。3点目に英国学派の重要文献の翻訳が多い点である。臼杵英一がスガナミの著書を1994年に、そしてブルの『アナーキカル・ソサイエティ』を2000年に翻訳している。その後、立命館大学に関連する研究者を中心とした英国学派研究会によって、ワイトの『国際理論』、バターフィールドとワイトの編著『外交の研究』（邦訳は『国際関係理論の探求』）、ブザンの『英国学派の国際関係論の紹介』（邦訳『英国学派入門』）が立て続けに翻訳された。加えて、ジェームズ・メイヨール（James Mayall）の『世界政治』も2009年に田所昌幸によって翻訳されている。このように、英国学派の重要文献の多くを日本語で読めるようになっている。4点目に、英国学派が注目するヨーロッパの国際社会の参入の議論

は、日本では政治家や研究者が明治期以来、常に考えてきたことを逆の立場から検討するものであり、多くの研究者が興味を示すものであった。

●参考文献
・池田丈佑「ヨーロッパ国際社会の拡大と限界」佐藤誠、池田丈佑、大中真編『英国学派の国際関係論』日本経済評論社、2013年、186-202頁。
・――「役者解説―英国学派に初めて触れる人へ」バリー・ブザン（佐藤誠、大中真、池田丈佑、佐藤史郎編訳）『英国学派入門』日本経済評論社、2017年、xi-xx頁。
・石田淳「輸入国際関係論の限界」大矢根聡編『日本の国際関係論：理論の輸入と独創の間』勁草書房、2017年、175-182頁。
・佐藤誠「英国学派から何を学ぶか」佐藤誠、池田丈佑、大中真編『英国学派の国際関係論』日本経済評論社、227-244頁。
・田中明彦「新しい中世―21世紀の世界システム」日本経済新聞社、1996年。
・バリー・ブザン（佐藤誠、大中真、池田丈佑、佐藤史郎編訳）『英国学派入門』日本経済評論社、2017年。
・ヒデミ・スガナミ「英国学派・歴史・理論」佐藤誠、池田丈佑、大中真編『英国学派の国際関係論』日本経済評論社、2013年、3-25頁。
・ヘドリー・ブル（臼杵英一訳）『国際社会論：アナーキカル・ソサイエティ』岩波書店、2000年。

●お薦め文献
　英国学派に関する必読文献がヘドリー・ブル（臼杵英一訳）『国際社会論：アナーキカル・ソサイエティ』岩波書店、2000年である。訳注が非常に詳細で、ブルの名著の翻訳という域を超え、非常に完成度が高い1冊となっている。また、同じく臼杵英一の訳で、スガナミの単著、ヒデミ・スガナミ（臼杵英一訳）『国際社会論－国内類推と世界秩序構想』信山社、1994年を日本語で読むことができる。
　加えて、本章でも触れたように、英国学派に関しては近年、立命館大学の関係者を中心に翻訳が進められ、いくつかの貴重な文献が日本語で読めるようになっている。それらは、マーティン・ワイト（佐藤誠、安藤次男、龍澤邦彦、大中真、佐藤千鶴子訳）『国際理論―3つの伝統』日本経済評論社、2007年、ハーバート・バターフィールド／マーティン・ワイト編（佐藤誠、安藤次男、龍澤邦彦、大中真、佐藤千鶴子、斎藤洋ほか訳）『国際関係理論の探究』、日本経済評論社、2010年、バリー・ブザン（佐藤誠、大中真、池田丈佑、佐藤史郎編訳）『英国学派入門』日本経済評論社、2017年である。また、これらの翻訳者を中心とした、英国学派に関する論文集として、佐藤誠、池田丈佑、大中真編『英国学派の国際関係論』日本経済評論社、2013年がある。立命館グループとは別に、ジェームズ・メイヨール（田所昌幸訳）『世界政治―進歩と限界』勁草書房、2009年の翻訳もある。

このように非常に翻訳が充実している英国学派であるが、まだまだ手つかずの分野もある。そうした分野の1つが、国際社会の拡大に関してである。Hedley Bull and Adam Watson (eds.), *The Expansion of International Society*, Oxford: Oxford University Press, 1986, Shogo Suzuki, *Civilization and Empire: China and Japan's Encounter with European International Society*, New York: Routledge, 2011は、国際社会の拡大およびその受容に関して詳しく述べている。また、国際社会の成員資格については、Gerrit Gong, *The Standard of Civilization in International Society*, Oxford: Clarendon Press, 1984を参照されたい。

第Ⅲ部

真の国際政治理論を目指して

第10章　対外政策分析

第10章
・対外政策分析の理論的特徴と目的は何か
・対外政策分析のアクターは誰か
・対外政策分析のレベルとは何か
・対外政策分析は国際政治理論の発展にどのような貢献を果たすのか

---

1. 対外政策分析とは

　対外政策分析とは、国際政治理論の主流とは異なるサブ・フィールドの1つと位置づけられ、一般的に国際政治理論のなかでも最も国内の事情を考慮し、現実政治と距離が近いと考えられている理論である。対外政策分析は、1950年代における行動科学主義の勃興に伴って国際政治理論の一分野として認識されるようになった。そのため、国際政治理論のなかでもゲーム理論や計量政治学が特に重視される分野であった。対外政策分析という言葉は日本ではまだあまりなじみがなく、対外政策決定論の方が国際政治学においても普及している。しかし、アメリカでは対外政策分析という言葉が普及しており、対外政策決定論はそのプロセスのなかの1つとされる。対外政策分析と対外政策決定論の違いはプロセスを重視するかしないかという点に求められる。決定を行なうための枠組み作りから、その決定の結果がどのようにフィードバックし、枠組みの変容を促すかといった流れを射程に収めるのが対外政策分析である。ここでは対外政策を①入力→②対外政策形成→③出力（繰り返し）という3つのプロセスに大別し、各段階で考慮される諸点を示したい。

112　第Ⅲ部　真の国際政治理論を目指して

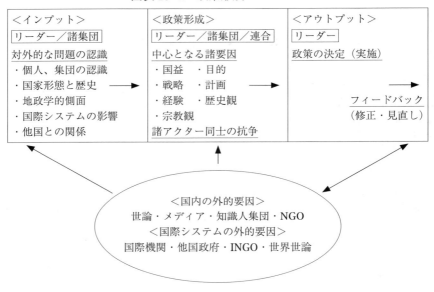

図表 10-1　政策形成のプロセス

（出所）　Zelikow, p.158；Hermann, p.52 を参照し、筆者作成

　まず、入力の段階では他のアクター・国際システムの動向が、主に個人・小規模集団といったアクターによって認識される。方法論として、認知心理学やアナロジー、過程追跡といった歴史学的アプローチがこの入力状況に焦点を当てた分析を行なっている。次に対外政策形成の段階ではアクターが入力を受けて行なう作業であり、対外政策決定が作業の中心となる。個人や小規模集団の対立を調整したり諸決定を行なったりするために、社会学的アプローチ・歴史学的アプローチ・合理的選択・ゲーム理論の応用などさまざまなアプローチがとられる。この過程においては国益・目的・戦略・計画・実施・修正・見直しという7つを考慮する必要がある。第2段階で形成された対外政策を国家の政策として発信し、この出力によって対象アクターがそれに反応、新たな出力を行なう。そして再び入力を行なうという繰り返し（フィードバック）がなされる。繰り返すことで次第に学習が行なわれ、政策の修正や見直しが容易になる。対外政策分析をこのようにプロセスとして捉えることで、学習作用、他者

との行為関係とその変容の重要性がクローズアップされるようになる。まとめると、対外政策分析は「国家を中心とした諸アクターがさまざまなレベルにおける影響と関係性とを考慮したうえで対外政策を形成する一連の過程を分析対象とし、ゲーム理論・比較政治理論・認知理論・社会学理論といった方法論によって主観的、間主観的または客観的に分析を行なう理論」と定義できるだろう。

2. 対外政策分析の目的

(1) 一般理論の追求

まずは対外政策の一般理論を目指した対外政策分析の先駆者であるリチャード・スナイダー（Richard Snyder）から、スナイダーを批判的に継承したローズノー、サイバネティックという視点から対外政策を論じたドイッチュについて触れたい。一般理論とは、「体系のある側面ないし状態から別の側面ないし状態への演繹的な移行が可能な、物理学や化学のように経験的に適用される範囲をかなり広くまで拡大することができる」理論のことである（パーソンズ、25頁）。

この傾向は1954年にスナイダーが中心となり発表した『対外政策決定：国際政治学における１つのアプローチ』と、その著作に対する批判・修正によって進展した。スナイダーは政策決定者が判断を下す際に考慮すべき要素として大きく３つの要因を提示している。①政策決定の内的要因と呼ばれる、内部における人的環境外のもの、社会、人的環境、文化、国民、②政策決定の外的要因と呼ばれる、外部における人的環境外のもの、他の諸文化、他の諸社会、他国政府、③社会構造と行為と呼ばれる、主要共通価値基準、主要制度組織パターン、社会組織や団体の主な性格、役割分化と専門化、グループの種類と機能、政策決定に関する社会的過程、世論形成、成人社会化、政治的要素である。この３つの要因に基づき、その相互作用の結果、分析の決定単位やデータ収集が確定される。ここでの政策決定者は、合理的な行為者とされ、客観的な実在と

して存在する状況、動機づけを認識することが可能であり、政策決定者と決定者を取り巻く組織によって決定が下されるとする。スナイダーは、この環境と政策決定者の関係を第１のレベルとし、さらに第２のレベルとして、環境と政策決定者に対する観察者の態度を設定する。観察者の認識は全知であり、その全知によって政策決定者の合理性、非合理性を判断できるとした。スナイダー・モデルの貢献は、内政変数の役割を対外政策行動の原因として、実証的に追跡する方法を与えたという点と、政策決定過程の性格自体がある政策の採用される主要な原因と考えることによって、今までブラックボックスとされてきた国家内部の問題に光を当て、政策決定の過程を分析することを発見した点にある（関、3-6頁）。とはいえ、スナイダーのモデルには多くの批判も存在する。最も痛烈な批判としてあげられるのが、包括的であるため複雑で抽象的な要因が多すぎて実際の検証には向かないというものである。そのため、事例研究もグレン・ペイジ（Glenn Paige）による朝鮮戦争に際してのアメリカの決定過程の考察を試みたものだけである。また、多くの変数を取り上げたものの、それらはただ列挙されているだけで、関係性やどのような影響を与えるかが明示されていない。

　その後何人かの政治学者がスナイダー・モデルに関する批判を受け入れ、一般理論に向けた対外政策論の発展に努めた。そのなかの代表格が当時プリンストン大学の大学院生としてスナイダーの講義を受けていたローズノーである。ローズノーはプレセオリー（準理論）モデルを構築し、スナイダーのように多くの変数を取り入れながら相互の関係性や状況設定の精密化を進めた。彼は66年に発表した論文において、対外政策の一般理論を形成するために不可欠なプレセオリーモデルを提示した。ここでローズノーは、①個人にスポットを当てる個人的変数群、②諸アクターがそれぞれの役割に基づいて行動すると考える役割変数群、③政府の決定、官僚の影響を考慮する政府変数群、④世論やメディア、利益団体にスポットを当てる社会変数群、⑤国際システムの影響を考慮するシステム変数群、という５つの独立変数を定式化した（Rosenau, pp. 123-136）。さらに間接的に政策決定に影響を与える要因として、国家のタイプ・政

治システムへの浸透の度合い・イシュー・エリアが重要であるとし、5つの変数群の相互関係をより具体的なものにしようと努めた。さらにこうした分析枠組みを具体的な国家に当てはめ、比較するというやり方で分析枠組みとしての有用性を積極的に追求した。

　もう1人、この時代の対外政策決定論に貢献した学者としてドイッチュがあげられる。ドイッチュは主権国家をサイバネティック・システムと仮定する。サイバネティクスとは、高度な電子装置から多様な社会組織に至る全ての組織に共通する通信と制御体系についての一般理論のことで、情報を選択したりデータ処理を行なったりし、それぞれの価値や目標に沿って意思決定をし、実行するものとされる（宮本、399-400頁）。ここにおいて、ドイッチュは、フィードバックという情報の再入力過程を導入し、これによってシステムは学習し、より良い選択を行なうようになるという視点を盛り込んだ。ドイッチュの理論も一般化を目指しており、指標が果たして妥当なものかといった批判は存在するものの、対外政策論の発展に大きなインパクトを残した。

(2) 中範囲理論への転換

　スナイダー・モデルの登場以来、一般理論を求めて奮闘した対外政策分析であったが、次第に中範囲の理論を志向するように変化した。こうした変化を促したのが、グレアム・アリソン（Graham Allison）、スプラウト夫妻（Harold and Margaret Sprout）が提示した対外政策分析である。中範囲理論とは、社会システムの一般理論と個別的事実に関する記述との中間を志向するものである。中範囲理論の登場は、社会学において一般理論を発展させることに集中すべきだとするアプローチに代わる、経験的なデータからいかに検証可能な理論を発展させるかというアプローチに転換するきっかけとなった。スナイダーやその後のローズノーらが国際環境と国内環境の両方の変数を考慮に入れていたのに対して、アリソンは分析を国内レベルの諸要因に特化し、合理的政策モデル、組織過程モデル、官僚政治モデルという3つのモデルを提示した。キューバ危機を具体的な事例として取り上げ、1971年に出版した『決定の本質―キューバ・

ミサイル危機の分析―』はスナイダーの著作と並び、対外政策分析の古典として広く読まれている。

アリソンの理論的貢献は今まであまり重視されてこなかった組織過程モデルと官僚政治モデルという分析レベルに光を当てた点である。特に官僚政治モデルに関しては、アリソン自身が述べているように、リチャード・ニュースタット（Richard Neustadt）の『大統領の権力』やロジャー・ヒルズマン（Roger Hilsman）の同心円モデルに関する指摘などがでていたものの、理論化されるには至っていない状況であった。合理的行為者に代わるアクターを示し、政府内の個々のアクターに関して正面から扱い、組織過程モデルと官僚政治モデルともに綿密な方法論を提示し、それをキューバ危機という具体的な事例に当てはめたインパクトは大きかった。アリソンの『決定の本質』は、1999年にフィリップ・ゼリコー（Philip Zelikow）との共著として再出版され、近年、日本語の翻訳も文庫版で刊行され、手軽に読むことができるようになった。

スプラウト夫妻はあまり日本では知られていないが、対外政策分析の過剰な簡潔さに疑問を呈し、あえて一般化しにくい変数が入り込む余地を残した。特に個人やグループが対外政策決定を行なう際の「心理的な環境」に注目する必要性を説き、ハロルド・ラズウェル（Harold Lasswell）やドイッチュとともに、認知理論の先駆けとなった。このように、行動科学に影響を受けタルコット・パーソンズ（Talcott Parsons）流の一般理論を求めた動きから、次第にロバート・マートン（Robert Merton）流の中範囲理論へと転換してきた。そして、次第に多様な隣接学問分野の成果を取り入れながら発展を遂げた。

(3) 中範囲理論を越えて

70年代以後は、よりミクロな個人というアクターに焦点を当てる認知理論の台頭や一次資料重視の傾向などにより、対外政策分析は中範囲理論よりもさらに狭い、個別のケースを扱うことが多くなった。この傾向は冷戦の崩壊により一層加速された。なぜなら、冷戦システムという双極システムが崩壊したことによって、国際システムというレベルの影響力が低下したためである。これ

は冷戦後にその終結要因に関するミハイル・ゴルバチョフ（Mikhail Gorbachev）の研究が盛んになったことでも明らかである。こうした動きは冷戦体制の崩壊から20年近く経った現在でも同様であり、認知理論の深化、リーダーシップ研究、小規模集団に焦点を当てる研究が盛んである。

このように当初は一般理論を目指した対外政策分析論だが、時代を経るに従って一般理論よりもより詳細な事実に基づき、またより解釈を重視する傾向にあるように思われる。

3. 対外政策分析におけるアクターとレベル

国際政治の理論においては分析概念としてのレベルとアクターの区別が明確になされてこなかった。シンガーは分析レベルをマクロとミクロという2つに分けているが、これは分析アクターとも言える国際システムと国家の区別であった。同様にウォルツも分析レベルとして、国際システム、国家、個人という3つのイメージを提示したがこれもアクターとレベルの峻別があいまいであった。

対外政策分析はほかの国際政治理論と比べて、早い段階からアクターとレベルの区別が理論に導入された。アクターを軸に据えた分析に関しては、理論の性質上、個人や小規模集団に焦点を当てた分析が発達した。その代表的なものはアリソンの理論であろう。彼は個人と集団を3つに分類して、分析を行なった。合理的行為者モデルは、個人・集団・国家などを単一の合理的な行為体と仮定し、行為を合理的な選択とする。この視点はスナイダーが思考していた政策決定者と国家の決定を同じものと見なし、最も適当な選択を行なうのと同じ視点である。組織過程モデルは、組織論と経済学の成果を援用し、組織を自律的な組織の複合体と捉え、各組織が事前に政策や作業手続きに沿って行動すると仮定する。アリソンによる組織の説明では、「決定」を行なう主体を「政府は組織の緩い集合体であり、組織はそれぞれ独自の実質的な決定・活動を行なっている」とし、政府は組織から獲得した情報を通して問題を認識する機関

と定義する。官僚政治モデル（政府間政治モデル）は、当該の問題に権限を持つ官僚組織の間での交渉の結果が政策決定に影響すると考える。アリソンは、分析の基本単位として、政府を構成する個人間の駆け引きによって、決定と行為は行なわれるとする。アリソンにとって、対外政策は国内政治の派生なのである。整理概念として、政府における行為主体は、個々のプレーヤーである点と、プレーヤーの関係は地位によって決まることを指摘する。

また、70年代から80年代にかけては、対外政策分析は認知理論と呼ばれる心理学的な側面に注目した理論が発展した。これは個人というアクターに焦点を当てた理論であった。人間がどのように知覚するかについては、ラズウェル、ドイッチュ、スプラウト夫妻、さらに「イメージ」を重視したケネス・ボールディング（Kenneth Boulding）などによって以前から指摘していた要因であった。しかし、確固たる地位を確立したのは70年代におけるロバート・ジャービス（Robert Jervis）、ジョン・スタインブルナー（John Steinbruner）、アレクサンダー・ジョージ（Alexander George）らの著作によってであろう。ジャービスとスタインブルナーは認知不調和に関する考察を行なった。ジャービスは1976年に出版された『国際政治における認識と誤認』において、対外政策決定者がいかにして情報を処理し、自己の信条体系を形成・維持・変更するのかについて検討し、特に認知不調和と認知一貫性、認知バイアスが生じる場合、誤認（misperception）などに注目した。

スタインブルナーも同様に、不確実な状況下で個人や集団がどのように「認知一貫性」を維持するかについて分析した。スタインブルナーは政策決定の規則性として、歴史のアナロジーやイメージによって状況判断を行なう、短期的な時間枠組みよりも長期的な時間枠組みを重視し、楽観的な志向を行なう、否定的なイメージを伴う事象に関しては、その可能性を当初から否定することによってそれを退けるという点を指摘した。

ジョージは表象モデルと言われるオペレーショナル・コードとコグニティヴ・マップ（認知地図）を国際政治理論に動員した。オペレーショナル・コードは「行為者が政治生活について抱いている特に重要な信条として用いてお

り、それは行為者が政治的事件の分析や状況規定、あるいは政治行為の結果を見積もる際の一種の「プリズム」として作用し、また、行為者の戦略や戦術の選択基準やガイドラインとなるもの」と定義される（土山、78-79頁）。ジョージはこれらを総合的に分析することによって、決定に際する個人や集団の内的構造を把握することができると主張した。こうしたオペレーショナル・コードやコグニティヴ・マップによる分析は、広く用いられ、ウィルソンやキッシンジャーなどが分析の対象となった。

　レベルによる分析も、スナイダーの理論からその萌芽が見られた。すでに一般理論の部分で述べたように、スナイダーは環境と政策決定者の関係を第１のレベルとし、さらに第２のレベルとして、環境と政策決定者に対する観察者の態度を設定した。スナイダーの理論を批判的に継承したローズノーは、リンケージ・ポリティックス（連繋政治）によって国内政治と国際政治の結びつきを示した点（政治システムへの浸透の度合い・イシュー・エリア）で高く評価された。しかし、対外政策分析にレベル分析が本格的に導入されたのは70年代末からである。まずはウォルツが主張した３つの分析レベルにおいて最も重視された国際システムが個人や国内に影響を及ぼすのではなく、逆に国家が国際政治を規定すると主張したのがピーター・グールヴィッチ（Peter Gourevitch）やカッツェンスタインであった。特にグールヴィッチはこうした視点は、国家を重視する「第２イメージ」とは逆の視点であるために「逆第２イメージ」と名付けた（Gourevitch）。グールヴィッチは、こうした研究の例として国際経済史のアレクサンダー・ガーシェンクロン（Alexander Gerschenkron）やバリントン・ムーア（Barrington Moore）をあげている。国際政治学のなかでも国際経済の分野で重要な視点となった「逆第２イメージ」だが、対外政策分析においてもこの視点は存在する。

　レベル別の対外政策分析を個別で単純な二項対立から脱却し、発展を促したのが1987年に発表されたロバート・パットナム（Robert Putnam）の「２レベル・ゲーム」の概念であった（Putnam）。パットナムは1978年のボン・サミットを事例として取り上げ国際交渉と国内交渉を同時に分析した。つまり、ウォルツ

の第2イメージと第3イメージというレベルを同時に射程に収めようと試みたのである。パットナムによると、交渉は2段階で行なわれるとされ、国際舞台での交渉や協定を取り付ける過程であるレベル1と、できあがった協定を各国内において批准する過程のレベル2の2つの段階がある。レベル1とレベル2の相互関係を包括的に捉えた分析が可能となるという点が、2レベル・ゲームの大きな特徴である。もう1つの特徴として、「ウィンセット」の概念があげられる。ウィンセットとは、「レベル2において勝つことができる、つまり、国内の支持層のなかで必要な多数を獲得できる、あらゆる可能なレベル1における合意のセット」と定義される。こうした決定に基づき、パットナムは国際交渉に関して次のような仮説をたて、分析を行なった。第1にウィンセットが小さければ小さいほど、交渉が座礁するリスクが大きいという仮説、第2にウィンセットが小さければ小さいほど、交渉上有利になるという仮説である。パットナムの2レベル・ゲームは、対外政策分析において大きな反響をもたらし、この手法を援用した論文が数多く出された。

　一方で2レベル・ゲームに対してはさまざまな批判がなされた。飯田敬輔は、パットナムの2つの仮説が矛盾していると指摘し、2カ国間の情報が対称か非対称かという点に左右されると述べている（Iida, pp.403-426）。渡辺昭夫は、2レベル・ゲームは、経済的な相互依存状態におかれた2国間ないし多国間の交渉においては有益な枠組みであるが、安全保障関連の諸問題に関しては切れ味が悪く、相互の関連性が見えにくい点を指摘している（渡辺、192-193頁）。ジェフリー・クノップ（Jeffery Knopf）は第1に、2レベル・ゲームの枠組みが国内政治と国際政治の関係において、政策決定者間の交渉しか想定しておらず、政府間交渉、国家間交渉（政策決定者以外のアクターによる）、政府と他国の非政府アクターとの交渉を区別していない点を指摘する。第2に、2レベル・ゲームの枠組みは、NATOのような多国間の制度的な枠組みを考慮に入れていないとする。2国間交渉だけでは捉えきれない側面である。第3に、2レベル・ゲームの枠組みは、国内集団の行動によって、交渉が先導される可能性があることを十分に説明しきれていないと指摘する（Knopf, pp.599-600）。こう

した多くの批判もあるが、2レベル・ゲームによって、国際政治と国内政治というレベル分析が大きく発展したことは疑いの余地がない。

●参考文献
・関寛治「国際システムの構造変動と政策決定過程（上）」『国際問題』No.145、1972年4月号、2-14頁。
・タルコット・パーソンズ（佐藤勉訳）『現代社会学体系第14巻　社会体系論』青木書店、1974年。
・土山實男「認知構造と外交政策」有賀貞ほか編『講座国際政治②外交政策』東京大学出版会、1989年、65-94頁。
・宮本太郎「サイバネティクス」猪口孝ほか編『政治学事典』弘文堂、2000年、399-400頁。
・渡辺昭夫「書評 P.エヴァンス、H.ジェイコブソン、R.パットナム編『両刃外交—対外交渉と国内政治』『国際政治』第113号、1996年、190-194頁。
・James Rosenau, *The Scientific Study of Foreign Policy*, New York: Nichols Publishing Company, 1980.
・Jeffery W. Knopf, "Beyond Two-Level Games: Domestic-International Interaction in the Intermediate-Range Nuclear Forces Negotiations", *International Organization*, vol.47, 1993, pp.599-628.
・Keisuke Iida, "When and How Do Domestic Constraints Matter? Two-Level Games with Uncertainty," *Journal of Conflict Resolution*, vol.37, 1993, pp.403-426.
・Margaret Hermann, "How Decision Units Shape Foreign Policy: A Theoretical Framework", *International Studies Reviews*, Vol.3, No.2, 2001, pp.47-81.
・Peter Gourevitch, "The Second Image Reversed: The International Sources of Domestic Politics," *International Organization*, Vol.32, 1978, pp.881-912.
・Robert Putnam, "Diplomacy and Domestic Politics: The Logic of Two-Level Games," *International Organization*, Vol.42, 1988, pp.427-460.

●お薦め文献
　対外政策分析の概説書としては、佐藤英夫『対外政策』東京大学出版会、1989年および須藤季夫『国家の対外行動』東京大学出版会、2007年がよくまとまっている。前者は80年代までであるが対外政策分析に関する主要な議論をカバーしており、後者はリアリズム、リベラリズム、コンストラクティヴィズムという主要な理論的潮流と対外政策分析の関係を軸に議論が展開されている。最新の議論まで俯瞰したものとしては、英書となるが、Valerie Hudson, *Foreign Policy Analysis: Classic and Contemporary Theory (Second edition)*, Lanham: Rowman & Littlefield, 2013、そしてSteve Smith, Amelia Hadfield and Tim Dunne (eds.), *Foreign Policy: Theories, Actors, Cases (Third edition)*, Oxford: Oxford

University Press, 2016が包括的である。最新の議論ではないが、白鳥令編著『政策決定の理論』東海大学出版会、1990年も土山實男の「政策決定の心理学的アプローチ」をはじめ、興味深い論考が散見される。

　対外政策分析は特に政策決定論を中心に日本でも分析に盛んに用いられたため、絶版のものが多いが、邦訳されている文献は多数ある。例えば、ロジャー・ヒルズマン（浅野輔訳）『ケネディ外交―ニューフロンティアの政治学』サイマル出版会、1968年、グレン・ペイジ（関寛治訳）『アメリカと朝鮮戦争』サイマル出版会、1971年、モートン・ハルペリン（山岡清二訳）『アメリカ外交と官僚』サイマル出版会、1978年、ロバート・パットナム／ニコラス・ベイン（山田進一訳）『サミット―先進国首脳会議』阪急コミュニケーションズ、1986年、そして、最近になって新訳が出たグレアム・アリソン／フィリップ・ゼリコウ（漆嶋稔訳）『決定の本質 キューバ・ミサイル危機の分析 第2版Ⅰ・Ⅱ』日経BP社、2016年などは必読文献であろう。

　加えて、最近ウェルチによる興味深い対外政策分析の著作が続けて翻訳された。それらは、デイヴィット・ウェルチ／ドン・マントン（田所昌幸、林晟一訳）『キューバ危機―ミラー・イメージングの罠』中央公論新社、2015年；デイヴィット・ウェルチ（田所昌幸監訳）『苦渋の選択―対外政策変更に関する理論』千倉書房、2016年である。この2冊は対外政策分析の理論と事例がバランスよく記述されており、大変参考になる。

第11章　歴史社会学

第11章
・歴史社会学とはどのような考え方か
・国際政治理論はどのように歴史社会学を取り込んできたのか
・歴史社会学の国際政治のシステムへの理論的貢献はどのようなものか
・歴史社会学の国際政治のアクターへの理論的貢献はどのようなものか

　国際政治学における「第三の論争」（第四の論争）以降、国際政治理論はラショナリズムとリフレクティヴィズムに大別されるようになり、近年その認識論的・方法論的溝はより深まっているように見える。ラショナリズムとリフレクティヴィズムは理論的に全く別の方向を目指して研究が進められている。

　こうして乖離し始めた国際政治理論を新たに収斂、少なくとも包括するための手段は存在するのであろうか。このように考えた時、その候補の1つとしてあげられるのが歴史社会学によるアプローチである。歴史社会学は歴史学、社会学、政治学、国際政治学の要素を多分に含んだ学問領域である。社会学の一部であるが、単に社会学の歴史ではなく、明確な特徴を持つ。その特徴とは、歴史社会学の大家であるシーダ・スコッチポル（Theda Skocpol）によると、第1に、歴史社会学は時間と空間における具体的な位置づけを理解するために社会構造と社会プロセスを扱う、第2に歴史社会学は時間を超えるプロセスを捉えることと、連続した時間の流れをつかむことで結果を理解する、第3に多くの歴史社会学は、個人の生活と社会変容における意図的ではない結果と意図的である結果を理解するために、意味ある行動の相互作用と構造的なコンテクストをその分析に用いる、第4に歴史社会学は具体的な社会構造とその変

化のパターンに関する普遍的な点と変容する点を強調する、というものである (Skocpol, 1984, p.1)。国際政治学において、歴史社会学が扱う分野は「1648年神話」(「ウェストファリアの神話」) の暴露、非西欧起源の現代国際システムの分析、国際領域と国家・社会関係の急進的な変化のプロセスによって共同構築される実体、国際金融秩序における社会論理の調査、現代性の国際的な側面に関する調査など多様である。

1. 国際政治学における歴史社会学の受容

近年、国際政治学における歴史社会学的アプローチの先頭に立っているホブソンは1970年代から歴史社会学が積極的に国際政治学を取り入れ、80年代以降に国際政治学が歴史社会学を取り入れ始めたと指摘している (Hobson, 2002, p.3)。しかし、ホブソンの意見を額面通りに受けとることはできないであろう。なぜなら、それ以前から国際政治学は歴史社会学の受容に積極的だったからである。その中心がレイモン・アロン (Raymond Aron)、その弟子であるスタンリー・ホフマン (Stanley Hoffmann)、ワイトやブルを中心とした英国学派、そしてアダ・ボーズマン (Adda Bozeman) であった。

アロンは1957年の「国際関係論における1つのアプローチとしての歴史社会学」という論文において、当時主流であった古典的リアリズムと歴史主義を批判し、歴史社会学プローチを提唱した。アロンは歴史社会学の重要性に関して以下のように述べている。

「諸概念を参照することによって形態と意味が与えられない限り、本質を副次的な要素から、また深層の趨勢を偶発的な現象から区別しない限り、そして意義・時代による差異・国際関係によって引き起こされた戦争を比較しようとしない限り、単なる事実に基づく話は私たちに何も教えない。・・・ある国家の外交政策における予測可能性は客観的に事実として観察され得る。こうした事実の変容には説明を必要とする。この説明に関する研究は、以下の2つの異なった考え方による。事実はある民族に固有の特徴または統治システムに基づ

くのか。それとも、どの程度民族と民主主義に基づくのか。最も他と区別できる歴史社会学の方法による比較研究を用いなくてはこうした質問に答えるのは不可能である。歴史的な比較の方法は、理論の整合性を地形・人口・経済を参照することによってより良く事象を説明することを検証でき、また検証しなければならない」(Aron, pp.578-581)。

　弟子であるホフマンはアロンの説く歴史社会学の重要性を認識したうえで、以下の点を指摘している。「社会学が一般理論でないのと同様に、社会学の一部である歴史社会学は一般理論ではない。歴史社会学は以下の考えに基づいた一般アプローチ（研究方法）である。現在、時間に左右されない提言や還元的な方法は消えかけている。我々は帰納的な方法を発展させなければならない。まず、我々は明白な趨勢におけるどのような結論も歴史を通して検証し、システムに基づく歴史的研究という手段に訴えるべきである」(Hoffmann, p.367)。このように、行動科学主義が全盛期であった50年代末からすでにアロンとホフマンは歴史社会学の重要性を指摘しており、ホフマンは晩年まで歴史社会学が内包する「一般化の難しさ」を大きな問題として捉えていた。

　ワイトやブルに代表される英国学派も歴史社会学と明らかな整合性を持つ。現在、国際政治学における歴史社会学アプローチがウォーラーステインを中心とした世界システム論以外は主にイギリスで積極的に取り入れられていることからもこの点は見て取れる。特にワイトは後にワトソン、ブザン、リトルが発展させた国際政治をより世界史的に捉えようとする方法、ボーズマンやホブソン、ブザンらが注目した非西欧起源の国際政治学といった点を早くから指摘していた。

　ボーズマンはアロンやワイトに比べ、歴史社会学的アプローチを理論として発展させようとは考えていなかったように見受けられるが、1960年に刊行された彼の『国際史における政治と文化』は明らかに歴史社会学的アプローチによる著作である（Bozeman）。ボーズマンは西欧中心主義・近代主権国家中心主義を批判し、非西欧地域で近代以前に発展した政治集団に注目した。彼の著作は古代近東・インド地域の分析から始められている。

このように、50年代からすでに歴史社会学は一部の研究者（特にヨーロッパ）にはその重要性が認知され、受け入れが始まっていた。しかし、本格的にこのアプローチが発展し始めるのは1970年代後半からである。

2. 国際政治学における歴史社会学の発展

歴史社会学アプローチの重要性が再認識される要因となったのは、1979年のウォルツの『国際政治理論』の刊行とそれに伴う構造的リアリズムの勃興に拠るところが大きい。国際政治をより「理論」足らしめようとしたウォルツは極度に国際システムの機能を重視し、全ての要因が国際システムに帰結するように努めた（第4章　構造的リアリズムを参照）。主権国家はあくまでアクター（ユニット）であり、アクターはシステムを変化させることができないとされた。このウォルツの理論は大きな反響を呼び、80年代においては、いかにウォルツの理論を乗り越えるかという点に重きが置かれた。歴史社会学アプローチはまず、80年代において歴史社会学者が国際政治学へと進出する形で構造的リアリズム批判を行なった。スコッチポル、チャールズ・ティリー（Charles Tilly）、マイケル・マン（Michael Mann）、ウォーラーステインらがその代表である。彼らは上述したスコッチポルの歴史社会学の定義に見られるように、一定の時空間における社会変化と構造を意識した研究を行なった。国際システムの種類こそ異なるが、彼らはウォルツが使用した分析レベルを受容したうえで、アクターである国家に関して批判を行なった。

スコッチポルは国家を「ある地域の政治的中心における制度のセット」と定義し、国家は国際的な領域でも国内的な領域でも闘争を行なう主体であると論じた。彼女の定義にはマックス・ウェーバー（Max Weber）の「国家はある一定の領域において、正当な物理的暴力行使の独占を要求する共同体」という定義の影響が見られるが、単に国家の重要性を説いただけではなく、アクターとしての国家と国際システムの双方向の影響力行使にも注目した。有名な社会革命の研究において、彼女は社会革命を引き起こす条件として、外部からの経済

的・軍事的圧力によって国家が脆弱化し、国内の農民反乱と結びつくことを指摘している。そして、革命後新たに成立した政府は国内での正当性を獲得するために対外戦争を積極的に行ない、これにより国際システムのバランスも変化するとした（Skocpol, 1979, p.4）。スコッチポルはアクターである国家と国際システムの関係は全てシステムに起因するのではなく、両者の関係は双方向であり、アクター内部の変化が国際システムにも影響を与えることを考察した。ティリーも戦争の原因に関する考察でスコッチポルと同様の見解に至っている。

マンはスコッチポルとティリーとは異なった点からウォルツの理論を批判した。ウォルツはアナーキーの下ではパワー（ケイパビリティ）の配分によって国家間の優劣が決定すると述べているが、そのパワーはいわゆるハードパワーである。それに対してマンはアクターの優劣はハードパワーのみで判断するのではなく、「ソーシャルパワー」によって決定されると述べる。マンによると「ソーシャルパワー」とはイデオロギー・経済・軍事・政治という4つのパワーから成り立ち、全体として機能を果たすとされる。軍事力だけが突出していても、経済力や政治力が欠けていると次第にその正当性と権威は衰退することになるとマンは考える。

ウォーラーステインはこれまであげた歴史社会学者たちに比べて、ウォルツ同様極めてシステムを重視した分析を行なった。しかし、内容は全く異なっており、ウォーラーステインの研究は多くを歴史社会学の特徴に負っている。ウォーラーステインは世界システムには世界帝国と世界経済が存在するとし、資本主義によるシステムの変遷を可能とする。また、歴史的な側面を重視しないウォルツに対し、ウォーラーステインはブローデルの影響を受け、時間の枠組みを長期間・中期間・短期間に区分し、その影響を考察している（第6章マルクス主義を参照）。

このように、80年代において歴史社会学者が積極的に国際政治学に越境した。彼らがこの時期、歴史社会学アプローチを国際政治学に本格的に持ち込んだと言える。しかし、彼ら（ウォーラーステインを除き）はあくまで歴史社会学

者であり、アロンやホフマンが目指すような国際政治学における歴史社会学アプローチのグランド・セオリー構築を目指したわけではなかった。

3. 歴史社会学アプローチによる国際政治理論の再構築

　80年代の歴史社会学の本格的な導入と、90年代におけるコンストラクティヴィズムの高揚による社会学への関心の高まりが歴史社会学アプローチの国際政治学におけるさらなる発展を促した。一方でラショナリズムとされる構造的リアリズム・ネオリベラリズム、リフレクティヴィズムと目される批判理論、ポストモダン、コンストラクティヴィズムも必ずしも理論に内在する「非歴史性」を克服できていない。ホブソンは国際政治学における「非歴史性」と「非社会学性」に関して次の3点を指摘している（Hobson, 2002, pp.5-13）。第1に「現実化の幻想」である。これは現在が効果的に過去から切り離されることで現在が静的であり、自己構成され、自律しており、実体的なものとして見られ、歴史的な時空間の流れにおける位置づけがあいまいにされる。第2に「当然の幻想」である。現在は自然な人間の要求に沿って自然発生的に現れたという理由によって、効果的に説明される。これにより、社会的な諸力の歴史的過程・アイデンティティーや社会性に基づく排除・現在を構成する諸規範といった要素があいまいとなる。第3に「不変性の幻想」が指摘できる。現在は自然であり、構造的な変化に抵抗すると考えられるため、永続的であると考えられる。これにより、固有の秩序変化としての現在が再構成される課程があいまいとなる。我々は固有の特徴を持つ、現代システムを構築しているさまざまな社会的な諸力を再考し、歴史に基づく時間軸を考慮しなくてはならない。こうしたホブソンの指摘を踏まえたうえで、90年代以降に歴史社会学アプローチが国際政治学にもたらした貢献をシステム・レベルとアクター・レベルに区分して見ていくこととしよう。

4. システム・レベルでの貢献

　システム・レベルにおける歴史社会学的アプローチは、世界システム論の系譜、英国学派の系譜、グローバリゼーション論に大別できよう。歴史社会学アプローチのシステムを考えるうえでパイオニアとなったのがウォーラーステインである。彼はウォルツの非歴史的なシステムとは異なる、歴史を重視した「世界システム」を提示した。ここではマルクス主義の項目では扱わなかった、その時間的側面を確認する。ウォーラーステインは時間的にはブローデルとニコライ・コンドラチェフ（Nikolai Kondratiev）の影響を受け、長期・中期・短期という時間軸とサイクル理論（長期波動）を取り入れた。ウォーラーステインの世界システム論は現在に至るまで、ウォーラーステイン自身と彼の友人や弟子を中心に発展を見せている。特にバリー・ギルズ（Barry Gills）やフランクは、ヨーロッパにおける資本主義のみを扱うウォーラーステインに対し、ヨーロッパにおける資本主義は資本主義の一形態にすぎないと批判し、より広範な世界史における資本主義を扱うべきであると指摘した。彼らは5000年に及ぶ資本主義の形態を世界システムの対象とした。

　システム・レベルにおいて、近年野心的な試みを行なっているのがブザンとリトルである（Buzan and Little, 2000）。リトルは70年代からシステム論に関する著作を執筆してきた。彼はワイト、ブル、そしてとりわけワトソンといった英国学派の影響を色濃く受けつつ、独自の国際システム論を展開した。リトルは行動科学主義者によって提唱されたシステム論を観察者が観念的に理解したものであり、非現実的であると非難する。その一方で、ワイトとブルに代表される英国学派のシステム論は歴史的に存在した文明や国家を対象としたシステム論であると考えた。そして90年代からよりマクロな世界史的な視野から国際システムを再構築するという作業をブザンとともに行なっている。彼らはまず、ウォルツの国際システムを現在主義（過去とのつながりを軽視）・非歴史主義・ヨーロッパ中心主義・無政府中心主義（国際システムは常に無政府状態であるとす

る考え)・国家中心主義として非難する。そして、こうした既存の国際システムを再構築しようとする（Buzan and Little, 2002, pp.209-211）。

　ブザンとリトルは、一般的に1648年から始まったと考えられている国際システムに関する考えを廃し、紀元前3500年のシュメール人の都市国家にその原型を見いだす。そして、国際システムを考えるうえで第1に、分野別に考える必要があると述べる。彼らは軍事・政治、経済、社会、環境という分野を設定する。第2に、国際システムを研究するうえで異なった分析レベルから検証する必要があると考える。ここではウォルツの良く知られた3類型ではなく、システム、サブシステム、ユニット（アクター）、サブユニット、個人という5類型を設定する。第3に、どのようにシステムが維持され、変化させられるかの理解を助けるために、説明を容易にする道具として相互依存能力、過程、構造を提示する。相互依存能力とは、システムにおいて、アクターが人・物・金・情報の移動を通して、相互に交流を保つ状態である。この交流の速度、範囲、移動と伝達に関する技術の発展と規範・ルール・制度といった社会システムの発展が重要となる。過程は実際に施行されている相互依存のタイプ（闘争・政治的和解・貿易・アイデンティティーの変容・輸送）と結果として繰り返し起こる行動パターン（戦争・外交・資本・宗教）に区分される。構造とは、システムにおいてアクターの行動を決定する規律であり、行動を規制されたアクターの行動がもたらす影響である（無政府状態・市場・国際社会）。

　このように、ブザンとリトルはより複雑な社会関係を捉えるためにこうして多層的な国際システムを設定する。そして上記したようにシュメール人の時代から国際システムがどのように変容してきたかを検証する。

　グローバリゼーション論に関しては、近年の膨大な著作に見られるようにさまざまな研究が進められているが、ここではグローバリゼーションと歴史社会学的アプローチの関係を指摘するに留めたい（相互依存関係としてのグローバリゼーションに関しては、第5章　リベラリズムを参照）。アンソニー・ギデンズ（Anthony Giddens）の有名な「グローバリゼーションとは時空間の圧縮である」という定義に顕著なように、グローバリゼーションは時間と空間、さらに

そこにおける社会関係の変化を捉える現象である。さまざまな論者がグローバリゼーションの時期区分を行なうなど歴史的側面を強調しているが、これらを端的にまとめているのが、デーヴィッド・ヘルド（David Held）とマッグルーである。ヘルドとマッグルーはグローバリゼーションの歴史的形態を「不連続な歴史的出来事における時空間・組織的特徴を伴うグローバルな相互連関」と述べている（ヘルドほか、55頁）。彼らは時空間の特徴をグローバルなネットワークの広がり、グローバルな相互連関の増大、グローバルなフローの速度、グローバルな相互連結の強度という4つの局面に区分し、グローバリゼーションの質的・量的な歴史的パターンを考察するうえでのフレームワークとする。また、グローバリゼーションに伴う歴史的な組織的な変化に関して、インフラストラクチャー・制度化・階層化・相互依存の形態をあげている。インフラストラクチャーは共通のルール、レジーム、金融システムなどであり、これらの世界大での相互連結が強まることで制度化に至るとされる。こうしたインフラストラクチャーと制度化の組み合わせはパワーを生み出し、このパワーの配分によって階層化が進むことになる。これは国際政治でなじみ深いアナーキーではなく、明確なハイアラーキーである。一方でこのパワー配分はグローバルな規模で、時間と場所に基づき、さまざまな相互依存の形態を構築する。世界システム論と英国学派に基づくシステム論が歴史社会学における歴史に重きを置く一方、グローバリゼーション論は時空間における社会変化に大きな関心を持つ。

5. アクター・レベルの貢献

ウォルツ流の構造的リアリズムに代表されるように、国際政治学において主権国家は絶対的なアクターである半面、その能力は限定されたものであった。ウォルツによると、アクターは国際システムによって形作られ、アクターが国際システムに影響を与えることはないとされ、非常に受動的な主体とされる。そしてアクターはアナーキー下において自助の論理によって行動するとされる。ウォルツは国家の内政をブラックボックスとして、その内部を変数に含め

なかった。こうした傾向はグールヴィッチの逆第二理論、パットナムの2レベル・ゲーム、そしてコンストラクティヴィズムにより次第にその内部が変数に含まれるようになった。しかし、こうした諸理論は必ずしも国家の再定義を目指したわけではなかった。歴史社会学的アプローチを使用した新ウェーバー歴史社会学とスプリュートやジョージ・モデルスキー（George Modelski）に代表される進化論は主権国家を中心とするアクターに新たな視点を提供した。

新ウェーバー歴史社会学に関して、ホブソンはモーゲンソーのリアリズムに関する6つの原則を意識し、次の6点を特徴として述べている（Hobson, 1998, pp. 286-291）。第1に歴史の重要性を指摘している。歴史それ自体が重要なのではなく、現代における国内・国際における機構や活動の原因に関する問題提起・考察するうえで重要である。第2に多様な因果関係をあげる。国家の行動は単一の原因に左右されるのではなく、マンのソーシャルパワーやスーザン・ストレンジ（Susan Strange）の構造的パワーに代表されるように多様な要因から成り立っている。第3に多様な空間性である。これは国際的な領域と国内的領域を区別するのではなく、国際的な諸力が国内社会を構成し、国内的な諸力が国際社会の構築にも影響を与えるということである。第4に部分的な自律性をあげる。国際的領域と国内領域を区別する国境（境界）により、経済やイデオロギーは遮断され、それぞれの主体ごとにそれらが再構築される。第5に複合的な変化があげられる。システムとアクターを扱う際、継続する変化と不継続な変化の両方に注意しなくてはならない。第6に構造的リアリズムに見られるようなアクター軽視を改める点をあげている。そして、新ウェーバー歴史社会学を第1波と第2波に分け、前者をスコッチポルとティリー、後者をマンとホブソン自身としている（Hobson, 2000, p.175）。スコッチポルやティリーの理論は6原則の第1・第2・第5原則は満たしているが、それ以外は満たしていない。第2波に当たるマンやホブソンの理論は、第1波の理論を継承しているがより複雑な相互作用、構造とアクターの相互変化を強調するとしている。このように、ホブソンが考える新ウェーバー歴史社会学は存在論・認識論に関する全ての要素を包括しようとする。

アクター・レベルにおけるもう1つの重要な歴史社会学的な試みが進化論的アプローチである。スプリュートは、主権国家は国際システムのアクターとして所与ではなく、最も時代に適合したアクターとして、他のアクターとの生存競争に勝利する形で現れたと主張した（第1章　主権国家と主権国家体系を参照）。

6.　今後の課題

　本章では、国際政治学における歴史社会学アプローチの受容を確認した。アロンから近年の研究に至るまで、ホブソンの主張に見られるように国際政治学の非歴史的・非社会的特徴を克服するためにこのアプローチは有効であり続けている。一方で、歴史社会学アプローチは非常に理論化しにくい一面を持つ。理論化が困難な原因として、歴史社会学が非常にマクロな視点とミクロな視点の両方を持ち合わせていることが指摘できる。マクロな部分は上記したシステム論に顕著であるが、歴史を重視するために非常に広範な国際システムの必要性を主張する。これまでは「ヨーロッパ」国際システムだけを対象としてきた理論家は、シュメール文明まで遡る国際システムを考慮しなくてはならない。一方で、アクター・レベルでは主権国家を絶対的な対象とせず、さまざまなアクター間の相互連関に注意を払わなくてはならない。こうした特性は一般化を目指せば目指すほど、歴史社会学の特性が殺がれるというジレンマを伴う。マンのソーシャルパワーの一連の著作を見れば、歴史社会学の一般化がいかに困難で膨大な作業かを理解することができる。ウォルツの理論に見られるように、理論は一定程度の簡潔性が必要である。

　では歴史社会学は国際政治学のアプローチとして不適切だろうか。この点はこれまで確認してきたように、歴史の重要性と複雑な社会関係を考慮する必要性を考えれば明らかにノーである。このように考えると、歴史社会学は構造的リアリズム、ネオリベラリズム、コンストラクティヴィズムといった理論的な潮流としてではなく、全ての理論に通底する前提として捉えるべきではないだろうか。これは第三論争後に乖離しつつあるラショナリズムとリフレクティ

ヴィズムの双方に当てはまる部分である。どちらにおいても、歴史と社会的な相互連関とその変化は対象に含まれなければならない。最近は歴史社会学だけでなく、歴史学と国際政治学の有益な対話も行なわれるようになってきている。

● 参考文献

- デイヴィッド・ヘルド／アンソニー・マグルー／デイヴィッド・ゴールドブラット／ジョナサン・ペラトン（古城利明、臼井久和、滝田賢治、星野智ほか訳）『グローバル・トランスフォーメーションズ─政治・経済・文化─』中央大学出版部、2006年。
- マイケル・マン（森本醇、君塚直隆訳）『ソーシャルパワー：社会的な"力"の世界歴史〈1〉先史からヨーロッパ文明の形成へ』NTT出版、2002年。
- Adda Bozeman, *Politics and Culture in International History: From the Ancient Near East to the Opening of the Modern Age (Second edition)*, New York: Routledge, 1994.
- Barry Buzan and Richard Little, *International Systems in World History: Remaking the Study of International Relations*, Oxford: Oxford University Press, 2000.
- ──, "International Systems in World History: Remaking the Study of International Relations" in Stephone Hobden and John Hobson (eds.), *Historical Sociology of International Relations*, 2002, pp.200-220.
- John Hobson, "Debate: The Second Wave of Weberian Historical Sociology: The Historical Sociology of the State and the State of Historical Sociology in International Relations", *Review of International Political Economy*, Vol.5, No.2. 1998, pp.284-320.
- ──, *The State and International Relations*, Cambridge: Cambridge University Press, 2000.
- ──, "What's at Stake in Bringing Historical Sociology back into International Relations?" in Stephen Hobden and John Hobsin (eds.), *Historical Sociology of International Relations*, Cambridge: Cambridge University Press, 2002, pp.3-41.
- Raymond Aron, "Historical Sociology as the an Approach to International Relations" in *The Nature of Conflict*, Paris: UNESCO, 1957, reprinted in abbreviated form in Raymond Aron, "Aron-Historical Sociology" in Evan Luard, *Basic Texts in International Relations*, London: Macmillan, 1992, pp.578-581.
- Stanley Hoffmann, "International Relations: The Long Road to Theory", *World Politics*, Vol.11, No,3. 1959, pp.346-377
- Theda Skocpol, *States and Social Revolutions: A Comparative Analysis of France, Russia and China*, Cambridge: Cambridge University Press, 1979.
- ──, "Sociology's Historical Imagination" in Theda Skocpol (ed.), *Vision and Method in Historical Sociology*, Cambridge: Cambridge University Press, 1984, pp.1-21.

● お薦め文献

歴史社会学と国際政治に関して、最もまとまった論文集はStephen Hobden and John

Hobson (eds.) *Historical Sociology of International Relations*, Cambridge: Cambridge University Press, 2002である。また、Scott Burchill etc. (eds.), *Theories of International Relations (5th edition)*, Palgrave, 2013には歴史社会学の項目が設けられている。

　歴史社会学の国際関係の受容に関しては、邦訳されているもの、また、それを意識して書かれたものは少ない。唯一の例外として、「1648年の神話」「ウェストファリアの神話」に関しては山下範久、安高啓朗、芝崎厚士『ウェストファリア史観を脱構築する』ナカニシヤ出版、2016年、そしてベンノ・テシィケ（君塚直隆訳）『近代国家体系の形成―ウェストファリアの神話』桜井書店、2008年という2冊が焦点を当てている。歴史社会学はマルクスの歴史唯物論と親和性を持つので、上述したテシィケの著作とともにマルクス主義の項目でも取り上げたジャスティン・ローゼンバーグ（渡辺雅男、渡辺景子訳）『市民社会の帝国―近代世界システムの解明』桜井書店、2008年、そしてウォーラーステインをはじめとした世界システム論に関連する著作も歴史社会学的な国際政治の分析という一面を持つ。

　ブザンも歴史社会学的視座を重要視しており、古代から現在までの国際システムを俯瞰したリトルとの共著、Barry Buzan and Richard Little, *International Systems in World History: Remaking the Study of International Relations*, Oxford: Oxford University Press, 2000、19世紀の国際政治学的意義を論じたジョージ・ローソン（George Lawson）との共著、Barry Buzan and George Lawson, *The Global Transformation: History, Modernity and the Making of International Relations*, Cambridge: Cambridge University Press, 2015は興味深い論点を提供している。

　現在、歴史社会学と国際政治の関係に関して、最も精力的に執筆しているのは、ホブソンとローソンである。歴史社会学と国際政治の関係について興味がある読者は、ぜひこの2人の著作を手に取ってほしい。

第12章　非西洋の国際関係理論

第12章
・国際政治理論においてなぜ非西洋の視点が台頭したのか
・サバルタン・リアリズムとはどのような考えか
・日本はどのように国際関係論を受容してきたのか
・非西洋の国際関係理論は国際政治理論の発展にどのような貢献を果たすのか

　本章は、グローバリゼーションが進展するなかで、国際関係論、とりわけその理論がどのような影響を受け、変容を遂げているかについて「非西洋」の視点に着目し、考察する。これまで、本書では国際関係論と国際政治学を同義に扱い、国際政治学という表記に統一してきた。しかし、「非西洋の国際関係理論」はNon-Western International Relations Theoryの定訳であるので、また、非西洋地域で受容される際には国際関係論と国際政治学の違いが明確に意識されたので、本章では国際関係論という用語を用いる。
　国際関係論は、1919年にウェールズ大学アヴェリストゥイス校で初めて講義が行なわれて以降、アメリカの社会科学（ホフマン）、またはヨーロッパ中心主義（ホブソン）と言われるように、極めて西洋色が強い学問体系として発展してきた（Hoffmann；Hobson）。特にその理論に関してはほとんどがアメリカとイギリスにおける論争やいくつかの学派の考えが中心となっている。80年代から90年代にかけて台頭したヨーク学派、コペンハーゲン学派、ウェールズ学派、オーストラリア学派も西洋の理論であった。
　しかし、近年、まさにグローバリゼーションによって知と権力の関係が変容するなかで、非西洋の国際関係理論（Non-Western International Relations Theory）

に注目が集まっている。ティックナーとウェーヴァーが2009年に編集した『世界各国の国際関係論の知識』を皮切りに、2010年にアチャリヤとブザンが編集した『非西洋の国際関係理論』が出版されている。さらにティックナーとウェーヴァーが中心となり、ルートリッジ社から『西洋を超えた世界』シリーズが立ち上げられており、2012年にティックナーとブラネイによる編著『国際関係を異なる視点から考える』、2013年には同様にティックナーとブラネイによる編著『国際を要求する』が出版されている。これらの編者または共著者の共通認識は、プナール・ビルギン（Pınar Bilgin）が指摘しているように、西洋、特にアメリカの国際関係論の説明は単に国際政治の説明を目的としているだけではなく、それがアメリカの知識人や政策決定者に影響を与え、現実の国際政治に反映される場合がある、という点である（Bilgin, 2010, p.824）。つまり、国際関係理論における権力関係が現実の国際政治の権力関係につながるのである。

　本章では、非西洋の国際関係理論の試みが既存の国際関係理論に与えたインパクトについて、第1に、1980年代中頃から90年代にかけて、非西洋の国際関係理論が台頭した背景について確認する。第2に、モハメド・アイユーブ（Mohammed Ayoob）が提示した「サバルタン・リアリズム」の概念について考察する。第3に、近年の「非西洋の国際関係理論」の試みとその実態について考察する。そのうえで、非西洋の国際関係理論が既存の国際関係理論にもたらしている変容は今後どのような方向に向かうのかについて考えてみたい。

1.　非西洋の国際関係理論が台頭した背景

　非西洋の国際関係理論に早くから言及しているビルギンは、非西洋の国際関係理論が発展しなかった理由を、ウォルツの構造的リアリズムの学問的束縛、アメリカにおける地域研究と国際政治学・政治学の棲み分け、国際関係理論の視点に関して非西洋地域から西洋地域への乏しい提供、を指摘している（Bilgin, 2008, pp.10-14）。ビルギンの指摘は、国際関係理論（国際政治学）の第三の論争の重要性を暗に示唆している。しかし、非西洋の国際関係理論が発展しなかっ

た理由は第三の論争によってのみ、解決の糸口が提供されたのだろうか。

　特に実証主義や存在論を基盤とする構造的リアリズムやネオリベラリズムは、簡潔性、一般理論の構築、大国重視の姿勢を打ち出していたため、非西洋地域への関心は低かった。また、関心がある場合でもその内政や特殊性についての言及も見られず、非西洋からのまなざしは考慮されていなかった。また、アメリカの政治学や国際関係論がその科学性を追求し、一般理論を志向していたため、言語を習得したうえで一次資料やフィールドワークによって当該国家または地域の文化や歴史、特にその特殊性を研究する地域研究の業績は軽視されがちであった。これに対して、コックスの「理論は常に誰かのために、そしてなにかの目的のためにある」という有名なフレーズに見られるように、脱実証主義を志向した諸理論は、一般理論よりも中範囲理論を目指し、多様な視点を研究対象とした。これにより、国際関係理論において非西洋の視点が大きな議題の1つとなった。

　冷戦構造の崩壊も非西洋の国際関係理論の重要性を喚起した事象であった。まず、ウォルツに代表される構造的リアリズムやネオリベラリズムは、冷戦構造の崩壊を予見できず、またその理由を十分に説明することもできなかった。これにより、実証主義的な諸理論の理論としての正当性が大きく傷ついた。また、冷戦は米ソ間のイデオロギー対立、コミュニケーション機能の低下、核兵器によって成り立っていたが、米ソと同盟を結んでいた諸国家、さらに第三世界に属する諸国家の行動も米ソの2極の対立の構造に収斂されがちであった。第三世界の理論として冷戦期に提唱された従属論にしても、南と北という構造と北による南への搾取というマルクス主義的な視点が中心にあり、諸国家の特殊性を十分に考察するものではなかった。また、ポスト冷戦期に中東で湾岸危機、さらに西洋の周辺であるバルカン半島で民族対立を発端とした紛争が起きたことも、国際関係論およびその理論に非西洋地域をはじめとした地域研究の重要性とその受容を喚起した。

　グローバリゼーションによる世界大での変容過程と世界的な一体性も、非西洋の国際関係理論の発展を促す要因であった。マイク・フェザーストーン（Mike

Featherstone）は、グローバリゼーションによる文化の変容過程を、「個別の文化が限界まで外部へ拡張すること、つまり地球全体への拡張」という支配的な文化の世界的拡張と、「以前は別々に保たれていた社会関係と堅く結びついていた諸文化が、以前と比べて数多く生み出され、混合され、折衷される」という文化の圧縮、に大別している（フェザーストーン、10、21頁）。前者が西洋化、近代化、アメリカナイゼーションを意味するのに対し、後者はポストモダニズムやポストコロニアリズムの視点から、これまで無視または軽視されてきた受動的な他者や社会的弱者の考えに光を当てる分析であった。国際関係論におけるグローバリゼーション研究は当初、変容の過程でもとりわけ前者の側面を強調するきらいがあったが、批判的な視点をグローバリゼーション論に導入することを試みたミッテルマンの研究などによって、後者の側面にも光が当てられるようになった。ミッテルマンは、批判的グローバリゼーション論を提唱し、カール・ポランニー（Karl Polanyi）の二重運動、グラムシのヘゲモニー概念、ジェームズ・スコット（James Scott）のインフラポリティックス、フーコーの権力論、に基づく抵抗の思想をグローバリゼーション研究に取り入れている（ミッテルマン、28-31頁）。特にフーコーの知と権力の関係に注目し、グローバリゼーションは既存の知と権力の関係をも変容させる現象であることを強調した。

2. 嚆矢としてのサバルタン・リアリズム

国際関係理論における第三の論争、冷戦構造の崩壊、グローバリゼーションの進展が、非西洋の国際関係理論の必要性を喚起するうえで重要な役割を果たすなかで、体系的に非西洋の国際関係理論について論じた先駆的な業績が、98年に刊行されたステファニエ・ニューマン（Stephanie Neuman）編集の『国際関係理論と第三世界』であった。この編著は非西洋の研究者と非西洋の国際関係理論に注目する西洋の研究者との共同作業であった。このなかで特に注目されたのが、アイユーブが提唱し、西洋起源の既存の理論の修正を促した「サバ

ルタン・リアリズム」という概念であった。

(1) サバルタンという視点

　そもそも、「サバルタン」とはどのような概念なのだろうか。サバルタンとは、元々はグラムシの用語で、支配諸集団のヘゲモニーの下、受動的かつ従属的な状態にある人々のことを指す。グラムシのサバルタン概念は、大きく2つの主張を包含していた。第1に、階級闘争を念頭に置き、従属状態にあるサバルタンがその状態から脱するためにサバルタンに属する知識人をいかに形成し支配の主導権を握るかという点である（片桐、241頁）。第2に、サバルタンは重要となる固有の歴史を有しているにも関わらず、自分たちの歴史を記述したり語ったりする権利を有していない、という点である（同上書、246-251頁）。

　このグラムシのサバルタンの概念、特に後者の理解に注目し、さらに発展させたのが、ラーマチャンドラ・グハ（Ramachandra Guha）、パルタ・チャタジー（Partha Chatterjee）、ガヤトリ・スピヴァク（Gayatri Spivak）といったインドの思想家であり、彼らは一連の「サバルタン・スタディーズ」シリーズを刊行している。グハは「サバルタン・スタディーズ」の意義を、インドの歴史家たちがすでに固定化している既存の用語を使用して、単線的な歴史を論じていた点に疑問を持つこと、インドにおける国民性、ブルジョア的変革、労働者階級の連帯などの闘争が、内部に激しい競合を含んだ闘争だった点を明らかにすること、そして競合状態を明らかにするには闘争に参加した人々の主体的位置を認識しなければならないこと、に求めた（グハ／パーンデー／チャタジー／スピヴァク、vi-viii頁）。インドのサバルタン・スタディーズは、サバルタンという概念を階級闘争だけの理解ではなく、①そこに文化人類学的視点である心性構造や意味の体系を取り入れて、サバルタン意識を明らかにしようとした初期のサバルタン・スタディーズ、②1985年に発表されたスピヴァクの「サバルタン研究—歴史記述を脱構築する」によって、サバルタンが「ある意味を共有する行為主体」から「ある特定の歴史的瞬間において支配的な意味体系に対抗する行為主体」と再定義され、サバルタン意識はエリートの理解のなかにこそ見いださ

れるとしてサバルタンの声がいかに抑圧されているかに注目したサバルタン・スタディーズ、そして③フーコーやエドワード・サイード (Edward Said) の考えを取り入れ、どのような支配的な意味体系がサバルタンの声を抑圧してきたかについて論じた、後期サバルタン・スタディーズ、に分類している（田辺、335-342頁）。後期になるに従って、サバルタン・スタディーズはサバルタンの特徴を明らかにするというよりも、ポストコロニアリズムの一環として理解されるようになった。

(2) サバルタン・リアリズムの概要

アイユーブが1998年の「サバルタン・リアリズム：国際関係理論は第三世界と出会う」において主張したサバルタン・リアリズムの背景には、国際関係の主要な理論（アイユーブは構造的リアリズムとネオリベラリズムを念頭に置く）が国際システムにおける多くの国々の行動を考慮に入れていないこと、特に国際システムの紛争と無秩序の最大の要因である第三世界は無視されていることを問題視する視点がある。言い換えれば、構造的リアリズムとネオリベラリズムは基本的に大国しか分析の俎上に載せておらず、植民地主義的な認識では共通している (Ayoob, 1998, p.37)。アイユーブのサバルタン概念は、前述したグラムシのサバルタン概念の第2の意味を意識したものとなっている。そして、単純に現代的な内政について考察するだけではなく、アイユーブは①合法的な主権国家による国家設立の段階、②国家の人口の民族的・政治的構成、③国家設立において、隣接する国家間で競合する領土的・人口的な空間、④大国の動向、⑤国家間紛争と国内紛争を活性化または減退化する国際規範、に重きを置いている (*Ibid.*, pp.45-46)。98年の論文で歴史社会学という用語は出てきていないが、2002年に98年の論文を加筆・修正した論文「国際関係論における不平等と理論化：サバルタン・リアリズムを事例として」においては英国学派の国際社会論とともに歴史社会学の考えを参照している (Ayoob, 2002, pp.27-47)。アイユーブによると、第二次世界大戦後に独立を果たしたものの、第三世界に属する国々は国際システムにおける「弱い国家」であり、第三世界の国々の国家としての

機能は、一元的な支配が完全に確立されていなかった、ヨーロッパにおける中世後期または近世の諸国家に類似している、とされる。

(3) サバルタン・リアリズムに対する批判

バーネットはアイユーブが主張する国際政治における弱者の視点の導入には賛同するが、サバルタン・リアリズムを理論や概念ではなく「プロパガンダである」と痛烈に批判している（Barnett, p.62）。バーネットの主な批判は、アイユーブが結局のところ、第三世界の特殊性を新たに国際関係理論に反映させるのではなく、第三世界の国々が正当性を高め、安定すると西洋の諸国家と同様の安全保障パターンが見られるようになるという前提に立っている点を批判する。アイユーブは国内政治の重要性を強調する一方で、第三世界の特殊性を何も打ち出しておらず、ウォルツのユニットの同質性をそのまま受容しているように見受けられるというのである。また、バーネットは「サバルタン・リアリズムは本当にリアリズムなのか」、という点を問題視した。リアリズムの前提は、生存、主権国家を唯一のアクターとする且つ内政は問題としないため、各国の機能は同質である、アナーキー下で自助努力によって安全保障を確保する、ことに求められる。しかし、アイユーブはリアリズムと言いながらも内政の状況を考慮すべきであると主張しており、バーネットはもはや彼の理論はリアリズムとは言えないのではないかと指摘する。加えて、サバルタン・リアリズムは具体的な理論的な枠組みを提供しておらず、単に非西洋の世界を考慮することを提唱する主張だけになっている、と指摘した。

アイユーブのサバルタン・リアリズムはサバルタンという言葉を使用していることから、批判理論、ポスト植民地主義の理論を標榜していることに疑いはないが、第三世界の諸国家に特徴的な概念や行動を発展させたり、第三世界が低開発の状態に追い込まれ、抑圧されてきたかを暴いたりするよりも、第三世界が弱い国家なのは近代化が達成されていないからである、という単線的な説明となっている。また、そもそも冷戦構造が崩壊して以降、「第三世界」という枠組み自体が時代遅れとなっている。アイユーブが第三世界という概念で非

西洋または非先進諸国を一括りに論じていることは大いに問題がある。

3. 対抗ヘゲモニーとしての非西洋の国際関係理論確立への試み？

　コックスを中心とした「ヨーク学派」に属する学者たちは、「事実はどのように構成され、そして誰の利害に奉仕しているか」を暴き出し、新たな真実を確立するための批判理論を提唱する。この視点は、インドの後期サバルタン・スタディーズと共通の問題意識である。ここでは、非西洋地域を分析できる枠組みの提供からさらに一歩進んで、国際政治学の理論や概念に再定義を迫る非西洋の国際関係理論について考察していく。非西洋の国際関係理論は、単にこれまで紹介されてこなかった非西洋地域の国際関係観、国際関係的な思想を紹介するものなのか、それとも非西洋地域における西洋諸国の国際関係論の受容の仕方が問題なのか、さらに踏み込んで、非西洋の思想が西洋起源の既存の国際関係の概念の変容を迫る、グラムシが言うところの「対抗ヘゲモニー」となるものなのか、考察していく。

(1) 非西洋地域の国際関係観の紹介
　非西洋の国際関係理論の考えを既存の理論的枠組みに導入、または対抗させるための第一歩は、非西洋の国際関係の思想、またはそのあり方の紹介である。ウェーヴァーとティックナーが編集した『世界各国の国際関係論の知識』は、研究者たちがどのように国際関係論を理解しているのかを手がかりに、主に非西洋の地域または諸国家の国際関係論について紹介している。具体的には地域としてラテンアメリカ、アフリカ、東アジア、東南アジア、南アジア、アラブ諸国、中東欧、西ヨーロッパ、国家として南アフリカ、中国、イラン、イスラエル、トルコ、ロシア、アメリカの事例が考察されている。ウェーヴァーとティックナーは、結論において「世界的に国際関係の研究者のコミュニティでは、多くの場合、パワー、安全保障、国益といった概念を考慮に入れるリア

リズムを基礎とした考えの内面化による、明白な国家中心の存在論が共有されている」と述べている（Wæver and Tickner (eds.), p.334）。ティックナーはブラネイとの次編著である『国際関係を異なる視点から考える』において、今度は安全保障、国家・主権・正統性、グローバリゼーション、世俗主義と宗教、国際的なるもの、という諸項目について非西洋地域の考え方を俯瞰している（Tickner and Blaney, 2012）。

　アチャリヤとブザンの『非西洋の国際関係理論』の目的は、非西洋の国際関係論の伝統を西洋の人々に紹介することと、非西洋の国際関係論の思想家を支配的な西洋の理論に挑戦させること、であった（Buzan and Acharya）。アチャリヤとブザンは、これらの目的は西洋と対立するためでも西洋で発展した国際関係理論を否定するものでもなく、西洋起源の国際関係理論だけでは視野が狭く、また、国際関係理論に独占的に影響を与えている状況は健全でないと考えているためだと主張する。ブザンとアチャリヤによると、「西洋が国際関係理論を独占している」ことの意味は、西洋の思想、政治理論、歴史が国際関係理論のほとんどの主流の起源となっていること、世界史がヨーロッパ中心の枠組みで考えられていること、とされる。これらの点に関して、①西洋の国際関係理論は国際関係を理解するための正しい道筋を発見した、②西洋の国際関係理論は、国際関係理論の研究において、（グラムシが言うところの）ヘゲモニーを獲得している、③非西洋の国際関係理論は存在するが、覆い隠されたままである、④国際関係理論の生産に関して、ローカルな状況は無視されている、⑤国際関係理論に関して西洋は先発しており、現在我々は非西洋地域の後追いの過程を見ている、ことが前提とされる（Ibid., p.6, p.16-22）。彼らは、非西洋（特にアジア）の国際関係理論への貢献を、アジアの宗教、政治、軍事に関する古典的な伝統または思想の紹介、アジアの指導者たちが国際政治の秩序の組織化のために提唱した「原則的な考え」に基づく外交アプローチの紹介、アンダーソンの「想像の共同体」、スコットのインフラポリティックスなどの非西洋の経験から創出された考え、にまとめている。『非西洋の国際関係理論』では、中国、日本、韓国、インド、インドネシアといったアジア諸国に、地域として東

南アジア、宗教としてイスラーム、さらに世界史の視点から非西洋地域の国際関係理論について検討している。

(2) 非西洋地域における既存の国際関係の受容形態

ウェーヴァーとティックナーは、世界における国際関係論およびその理論が明らかに西洋の国際関係論および理論によって形作られているものの、西洋の国際関係理論は非西洋地域それぞれに受容の仕方が異なっているので、決して「均一」に広がっているわけではないことを指摘している（Wæver and Tickner, p.338）。また、非西洋地域の国際関係理論の重要性を提唱する研究者たちはあまり指摘してはいないが、非西洋地域も植民地の経験がある諸国家、冷戦期に第三世界に属していた諸国家、早い段階から西洋化を試み、西洋起源の国際社会に組み込まれていた諸国家、というようにさまざまなバリエーションがある。ここでは19世紀の後半から西洋化を志向し、早くから西洋起源の国際社会に組み込まれていた日本について簡潔に触れ、比較したい。

日本では、戦前の時代から現実の外交との結びつきで、国際関係論の領域に位置づけられる外交史と国際政治経済論に対する関心は高く、独自の発展を遂げてきた。アメリカの国際関係論は1950年代初頭に入って、アメリカで趨勢を誇ったリアリズムが国際関係の理論として最初に日本に輸入された。しかし、日本は戦後、憲法第9条に代表される平和主義というフィルター、そして上述した外交史に代表されるように歴史学のフィルターを通して、国際関係理論の受容が行われた。日本におけるリアリストの第一世代に位置づけられる神川彦松や田中直吉、第二世代の高坂正堯などは外交史を専門としていた。また、日本において国際政治学のリベラリストの代表格に位置づけられた坂本義和は、リアリズムの大家であるモーゲンソーの下で若き日に研究生活を送ったものの、モーゲンソー流のパワー・ポリティックスを無批判に受容することはなかった。日本において、リアリズムはパワーとアナーキーによって、国家は自動的・自発的に勢力均衡論を選択するといったモーゲンソーやウォルツ流の構造的リアリズムといった単線的なリアリズムではなく、アロンやホフマン流

の歴史と深慮に根差し、パワーやアナーキーの影響をどう解釈し、国家がどのように行動するかを検討する基軸として受容された。その代表的な論考が高坂の「現実主義者の平和論」であり、永井陽之助の『平和の代償』であった。その一方で50年代から関寛治を中心にアメリカで盛んになった行動科学主義の研究も取り入れられたが、日本における独自の傾向や発展はあまり見られなかった。

(3) 対抗ヘゲモニーとしての非西洋の国際関係理論

　対抗ヘゲモニーとしての非西洋の国際関係理論を考えるうえで参考になるのが、ヨーク学派、コペンハーゲン学派、ウェルシュ学派、オーストラリア学派といった、西洋における周辺の諸学派である（英国学派は西洋国際関係理論の中心に位置するので、ここでは言及しない）。これらの学派はなぜ学派として成り立っているのだろうか。その理由は２つに大別できる。第１に、ヨーク学派にはコックス、ウェルシュ学派にはブース、コペンハーゲン学派にはブザンとウェーヴァーをはじめとしたコペンハーゲン平和研究所（Copenhagen Peace Research Institute）のメンバーという中心人物、または研究所が存在した点である。第２に、ヨーク学派はグラムシの概念を援用した批判理論、ウェルシュ学派にはフランクフルト学派の概念を援用した批判的安全保障理論、コペンハーゲン学派は言説分析を安全保障論に取り入れた批判的安全保障理論、オーストラリア学派は批判理論、ポストモダン、コンストラクティヴィズムといった認識論に基づく国際関係理論を前面に押し出したアプローチ、というように理論的に一貫した特徴が見られる。各国または各地域が自前（homegrown）の国際関係理論を提供するためには、少なくとも中心となる人物、または核となる理論的特徴が必要となる。

　こうした視点で非西洋地域を鑑みると、自前の国際関係理論を提供していると言えそうなのが、アチャリヤである。アチャリヤは、安全保障研究に軸足を置きつつ、地域秩序と規範の伝播に焦点を当てて研究を行なっている。より具体的には、東南アジアにおける規範の「ローカル化」と規範の「補完性の原

理」、そして東南アジアにおける「安全保障共同体」の確立に関して、コンストラクティヴィズムの立場から考察してきた。とりわけ規範のローカル化は、各国または各地域で汎用性の高い議論である（第8章　コンストラクティヴィズムを参照）。アチャリヤの規範のローカル化は非西洋地域に限定されない他地域、または他国にも応用可能であり、今後の理論的発展、比較研究が期待される。

4.　国際関係理論の非西洋性は覆るのか

　アチャリヤ、ブザン、ティックナー、ウェーヴァーなどは非西洋の国際関係理論が国際関係理論における西洋の独占を崩し、多様な国際関係理論が可能となる試みを展開している。本章では、非西洋国際関係観の紹介、非西洋地域における既存の国際関係の受容形態、対抗ヘゲモニーとしての非西洋国際関係理論に分類し、検討した。本章で論じてきたように、非西洋の国際関係理論は既存の国際関係理論を打倒するものではなく、あくまで西洋の独占的な状況を変化させ、西洋中心主義の知と権力の関係を断ち切ることを目的としている。今後、非西洋の国際関係理論が陥ってはならない罠はアチャリヤが指摘しているように、偏狭主義と過剰なナショナリズムと地域主義であろう（Acharya, p.624）。非西洋世界の国際関係理論は、グローバリゼーションが進展する現代世界ではさらに発展していくことが予想される。多様な国際関係理論がどこまで西洋の国際関係理論が支配する知的構造を変容させることができるのか、今後、注視すべきだろう。

●参考文献
・片桐薫『グラムシ・セレクション』平凡社、2001年。
・ジェームズ・ミッテルマン（奥田和彦、滝田賢治訳）『オルター・グローバリゼーション：知識とイデオロギーの社会的構成』新曜社、2008年。
・田辺明生「サバルタン・スタディーズと南アジア人類学」『国立民族博物館研究報告』第33巻第3号、2009年、329–358頁。
・マイク・フェザーストーン（西山哲郎、時安邦治訳）『ほつれゆく文化：グローバリ

ゼーション、ポストモダニズム、アイデンティティ』法政大学出版局、2009年。
・ラーマチャンドラ・グハ／パルタ・チャタジー／ギャーネンドラ・パーンデー／ガヤトリ・スピヴァク（竹中千春訳）『サバルタンの歴史』岩波書店、1998年。
・Amitav Acharya, "Dialogue and Discovery: In Search of International Relations Theories Beyond the West", *Millennium*, Vol.39, No.3, pp.619-637.
・Arlene Tickner and David Blaney (eds.), *Thinking International Relations Differently*, London: Routledge, 2012.
・――, *Claiming the International*, London: Routledge, 2013.
・Barry Buzan and Amitav Acharya, *Non-Western International Relations Theory: Perspectives on and Beyond Asia*, New York: Routledge, 2010.
・John Hobson, *The Eurocent Conception of World Politics: Western International Theory 1760-2010*, Cambridge: Cambridge University Press, 2012.
・Michael Barnett, "Radical Chic? Subaltern Realism: A Rejoinder", *International Studies Review*, Vol.4, Issue.3, 2002, pp.49-62.
・Mohammed Ayoob, "Subaltern Realism: International Relations Theory Meets the Third World", in Stephanie Neuman (ed.), *International Relations Theory and the Third World*, New York: St. Martin's Press, 1998, pp.31-54.
・――, "Inequality and Theorizing in International Relations: The Case for Subaltern Realism", *International Studies Review*, Vol.4, Issue.3, 2002, pp.27-48.
・Ole Wæver and Arlene Tickner (eds.), *International Relations Scholarship Around the World*, London: Routledge, 2009.
・Pınar Bilgin, "Thinking Past 'Western' IR?", *Third World Quarterly*, Vol.29, No.1, 2008, pp.5-23.
・――, "Looking for 'The International' Beyond the West", *Third World Quarterly*, Vol.31, No.5, 2010, pp.817-828.
・Stanley Hoffmann, "An American Social Science: International Relations", *Daedalus*, Vol. 106, No.3, Summer, 1977, pp.41-60.

●お薦め文献

　1977年に早くも国際政治理論が西洋、特にアメリカの社会科学となっている現状をホフマンが "An American Social Science: International Relations", *Daedalus*, Vol. 106, No.3, Summer, 1977, pp.41-60で憂えている。この問題意識を発展させたものとして、最近出版された、葛谷彩、小川浩之、西村邦行編著『歴史のなかの国際秩序観―「アメリカの社会科学」を超えて』晃洋書房、2017年がある。
　非西洋の国際関係理論に関して、その問題意識から国際政治学を再検討したものとして、John Hobson, *The Eurocent Conception of World Politics: Western International Theory, 1760-2010*, Cambridge: Cambridge University Press, 2012がある。第2章でも見たように、2004年からティックナー／ウェーヴァー／ブラネイを中心に国際関係理論におけ

る「西洋」という枠組みを超える目的で「国際関係論における地理文化的認識論」というプロジェクトが立ち上げられ、Ole Wæver and Arlene Tickner (eds.), *International Relations Scholarship Around the World*, London: Routledge, 2009、Arlene Tickner and David Blaney (eds.), *Thinking International Relations Differently*, London: Routledge, 2012、Arlene Tickner and David Blaney (eds.), *Claiming the International*, London: Routledge, 2013が相次いで出版されている。また、ブザンとアチャリヤを中心とした共同研究の成果がBarry Buzan and Amitav Acharya (eds.), *Non-Western International Relations Theory: Perspectives on and Beyond Asia*, New York: Routledge, 2010として出版された。

　非西洋の国際関係理論に注目が集まるとともに、日本でも日本独自の国際関係理論を見直す動きが活発になっている。代表的なものとして、酒井哲哉の『近代日本の国際秩序』岩波書店、2007年、日本国際政治学会編『日本の国際政治１：学としての国際政治』有斐閣、2009年、大矢根聡編著『日本の国際関係論：理論の輸入と独創の間』勁草書房、2017年、初瀬龍平他編著『国際関係論の生成と展開：日本の先達との対話』ナカニシヤ出版、2017年を参照されたい。

あとがき

　本書は大学生で初めて国際政治学に触れる学生から大学院を目指す学生まで、また国際政治の理論の基礎を学びたいという一般読者の方を対象に執筆した。「はじめに」でも書いたように、国際政治理論を学ぶには、理解と応用という2つの段階があるが、本書は前者に重きを置いた。分析ツールを理解した後は、それを使って国際政治の事象を自分なりに分析する作業にチャレンジしてもらいたい。それぞれの理論は力点の置き所が異なっており、同じ事象でも異なった理論的見地から検証すると、違った側面が見えてくるはずである。

　本書は、筆者が大学生から大学院生にかけて作成した国際政治理論に関するノート、2013年から2015年にかけて中央大学法学部で担当した外書講読および2014年から現在（2017年）まで中央大学文学部で担当している国際政治学A・Bのためにまとめたレジュメを参考に執筆された。また、第10章は「対外政策分析に関する批判と再考―『理解』型理論の構築に向けて―」『法学新報』第115巻第7・8号、2009年、221-255頁、第12章は「グローバル化と国際関係理論の多様化―非西洋の国際関係論が与える理論的インパクト―」星野智編著『中央大学社会科学研究所研究叢書 28：グローバル化と現代世界』中央大学出版部、2014年、85-108頁を大幅に修正したものである。

　学部から大学院博士後期課程まで一貫してご指導頂いた中央大学名誉教授の滝田賢治先生、そして外書講読と国際政治学A・Bに参加し、私の拙い授業に耳を傾け、時には質問をしてくれた学生諸君の存在なくして本書は完成しなかった。2016年4月から勤務している日本貿易振興機構アジア経済研究所では、現代トルコおよび中東を主に国際政治学の視点から自由に分析させて頂いており、このことも本書の執筆に大変役立った。

　また、中央大学出版部の担当の帯部さんと鳥山さんには本書の作成のために大変ご尽力頂いた。怠惰な筆者が本書を完成させることができたのはお2人の叱咤激励によるところが大きい。この場を借りてお礼申しあげたい。

また、本書は、科学研究費若手研究 (B)（研究課題「非西洋国際関係理論の発展におけるトルコの貢献」課題番号「15K17007」）による研究成果の一端である。

　本書の表紙カバーの写真には、ヨーロッパとアジアを隔てるボスポラス海峡をつなぐ橋の1つ、ファーティフ・スルタン・メフメト橋（ボスポラス第二大橋）を使用させて頂いた。この表紙には、本書の第12章でも論じたように、西洋起源の国際政治学理論が真の意味で国際政治の理論となるためには、非西洋の知見を取り入れていかなければならないという筆者の思いが込められている。

　私事ながら、家に仕事を持ち込んで休日返上で作業している筆者を温かく見守ってくれた家族には感謝の言葉もない。

　最後に、本書を通じて、国際政治学や国際政治理論に興味を持つ学生や社会人の方が一人でも増えてくれれば幸いである。